EL SECRETO DE LOS GRANDES EMPRESARIOS

EL
SECRETO
DE LOS GRANDES
EMPRESARIOS

*Cómo llegar a ser la influencia
más poderosa en este tiempo*

FRANK LÓPEZ

Celebro la aparición de este libro, porque revela un secreto oculto para muchos empresarios cristianos, a los que hasta ahora les ha costado unir su profesión con su deseo de servir al Señor. Y es que pueden llegar a ser una fuerza de influencia poderosa para que el Reino de Dios se establezca en su nación. El Pastor Frank López es el indicado para enseñarnos sobre esto, porque une su ministerio pastoral bendecido con una experiencia empresarial exitosa que le dan autoridad en la materia. No dejes de leer este material. ¡Estás a punto de que te sea revelado un secreto que te convertirá en un siervo del Señor las 24 horas, los siete días de la semana!

—CARLOS MRAIDA
Pastor de la Iglesia del Centro, Buenos Aires, Argentina
Coordinador Consejo de Pastores de Buenos Aires

Leería con tanto gusto lo que Pastor Frank escribiera sobre este tema, primeramente, porque lo conozco y sé con la pasión y fe con que maneja estos temas. Es un hombre que ama la Iglesia y entiende el nivel de autoridad que la Iglesia va a desarrollar en los últimos tiempos para poder derrumbar toda oposición que se levante contra la verdad. Frank es sabio, enfocado y muy orientado a mentorear gente que Dios está llamando a ser los empresarios "Influencers" de esta época. Todo el que ha orado preguntándose cómo puede dejar un gran legado en su generación debería leer este libro. Es inspirador, revelador y te educará en lo esencial para ser un empresario prosperado por Dios, para la gloria de su nombre. ¡Te felicito, Frank!

—REY MATOS
Pastor Senior, Ministerio Catacumba 5, Puerto Rico

El secreto de los empresarios es un libro que les permitirá a los empresarios entender el propósito de Dios de esa gracia y de ese "poder" otorgado para "hacer las riquezas". Es un libro que le permitirá al que sueña con ser empresario alinear sus prioridades rogándole primero a Dios el "para qué" antes que el "cómo". El Pastor Frank tiene un testimonio vivo de ello. *El secreto de los empresarios* es un libro que todos deberíamos leer.

—GUILLERMO Y MILAGROS AGUAYO
Pastores, La Casa del Padre
Lima, Perú

Los empresarios cristianos tienen un gran llamado y responsabilidad dentro del plan de Dios para nuestros tiempos. Su capacidad e influencia son herramientas que Dios usa de manera extraordinaria para Sus propósitos. Es por esto que en el corazón de Dios está el levantar cada día empresarios con más unción, más recursos y más influencia.

El Pastor Frank es la persona con mayor sabiduría y entendimiento espiritual que he conocido; lo cual, sumado a su experiencia en el campo empresarial, han sido clave en su exitosa tarea levantando grandes lideres empresarios cristianos. ¡Este es un libro que no quieres dejar de leer! En estas páginas vas a encontrar sabiduría pura que te equipará para crecer como el empresario relevante que Dios quiere hacer de ti.

—PEDRO F. VILLEGAS
Pastor de la Iglesia Full Life
Hollywood, FL, EE.UU.

En un tiempo en el que continuamente estamos siendo expuestos a conceptos y modelos de múltiples definiciones de lo que debe ser un empresario y, sobre todo, un "empresario de éxito", Dios levanta a uno de sus grandes ministros en esta generación, el Pastor Frank López, como un instrumento para darnos herramientas y guiarnos con la sabiduría que le ha otorgado hacia lo que verdaderamente es ser un Empresario del Reino de Dios.

Hablar del Pastor Frank es hablar de un hombre de Dios probado, íntegro, sabio y con un corazón de enseñanza increíble, por lo que es cosa segura que el libro que tienes en tu mano te va a ayudar a ser ese empresario que Dios quiere que seas, y no el que el sistema quiere que seas.

Estamos en un momento clave en el que Dios está levantando hombres y mujeres para que en medio del caos y la falta de valores que vivimos actualmente, puedan brillar como verdaderas lumbreras del Señor, en cualquier cosa que hagan y desde cualquier lugar donde se encuentren. Y tú, ¿estás listo para ese llamado? Sé que sí, porque si tienes este libro a mano, es porque has entendido la importancia de lo que Dios desea hacer contigo en este tiempo.

—YESENIA THEN
Fundadora y Pastora
Ministerio Internacional Soplo de Vida
República Dominicana

EL SECRETO DE LOS GRANDES EMPRESARIOS
Cómo llegar a ser la influencia más poderosa en este tiempo
© 2021 por Frank López

ISBN: 978-1-956625-09-7

A menos que se indique lo contrario, todas las citas de la Escritura han sido tomadas de la *Santa Biblia, Versión Reina-Valera 1960*, RVR, © 1960 por las Sociedades Bíblicas en América Latina; © renovado 1988 por las Sociedades Bíblicas Unidas. Usadas con permiso. Todos los derechos reservados. Las citas de la Escritura marcadas (NTV) han sido tomadas de la *Santa Biblia*, Nueva Traducción Viviente, © Tyndale House Foundation, 2010. Usadas con permiso de Tyndale House Publishers, Inc., 351 Executive Dr., Carol Stream, IL 60188, Estados Unidos de América. Todos los derechos reservados.

Editado por: Ofelia Pérez

Publicado por Renacer Uno

www.renaceruno.com

Ninguna parte de esta publicación podrá ser reproducida o transmitida de ninguna forma o por algún medio electrónico o mecánico; incluyendo fotocopia, grabación o por cualquier sistema de almacenamiento y recuperación sin el permiso previo por escrito del autor.

Impreso en los Estados Unidos de América.

1 2 3 4 5 6 7 8 9 10 11 24 23 22 21

DEDICATORIA

Dedico este libro a todas las personas que han sido influencia en mi vida. Mis padres, mi esposa, mis hijos, mis pastores, aquellos que fueron técnicos cuando jugaba deportes en mi juventud, y tantos hombres y mujeres que a través de los años me inspiraron a soñar con sus vidas y sus sueños. Todos necesitamos a otros para ser inspirados.

Oro que este libro te pueda inspirar a soñar, a defender lo que es de Dios y a conquistar nuevos horizontes. Sobre todas las cosas dedico este libro al Espíritu Santo, que cada mañana me inspira a creer y a exaltar a Jesucristo. Y a mi esposa Zayda López, que siempre ha estado orando, aconsejándome y apoyándome. Juntos hemos trabajado para alcanzar los sueños de Dios para nuestras vidas. Sin ella nada hubiera sido posible.

RECONOCIMIENTOS

Quiero agradecer a todo el equipo maravilloso que Dios ha puesto en mi vida. Este libro ha sido un trabajo en acuerdo con tantas personas que han sentido el mismo llamado de Dios para inspirar a los empresarios de hoy y los que Dios estará levantando.

Gracias a Ángela Suárez, Fabiola Romeo, Ruth Acevedo por su valioso aporte para la realización de este libro.

Gracias a Claudio De Oliveira por tu consejo sabio, tu fuerte trabajo y por usar tus talentos para publicar libros para la gloria de Dios. Eres un gran empresario de Dios.

Gracias al Pastor y Evangelista Alberto Mottesi, por su influencia en mi vida, por sus enseñanzas tan poderosas y por el amor que siempre nos da a mí y a mi familia.

Gracias a la Iglesia Jesus Worship Center por el apoyo y la oportunidad que me dan de poder discipularlos y verlos crecer en Dios. Es un gran honor para mí y para mi esposa pastorearlos y retarlos a creer en grande.

CONTENIDO

Prólogo por Dave Hodgson 17
Introducción 21

Parte I
LA UNCIÓN EMPRESARIAL

Capítulo 1: Espíritu empresarial 27
Capítulo 2: Dios da el poder de hacer las riquezas 37
Capítulo 3: Negocios en su perfecta voluntad 45
Capítulo 4: El evangelio de Jesucristo: transformación y multiplicación 59

Parte II
EL PODER DE LA OBEDIENCIA

Capítulo 5: Dios de orden y estructura 67
Capítulo 6: Actitud de excelencia 75
Capítulo 7: La obediencia bendice 89
Capítulo 8: Obediencia: antesala a la multiplicación 97
Capítulo 9: El acuerdo del diezmo 107
Capítulo 10: El consejo de Dios 115
Capítulo 11: Las cosas que detienen el éxito en los negocios 123
Capítulo 12: Seamos de influencia 137

Epílogo 143
Acerca del autor 147

¨Yo profetizo que viene un mover poderoso del Espíritu Santo sobre la mujer y los empresarios. Dios quiere colocar su Iglesia en un estado de gloria, en una posición donde tenga el cuidado de las manos y de la pasión de una mujer con sabiduría, y el consejo de alguien noble rodeado de consejeros, de poder económico, de influencia en los gobiernos, para colocar su Iglesia donde tiene que estar. Mujer, prepárate, porque viene un río poderoso sobre ti en Latinoamérica. Se levanta un ejército de hombres y mujeres empresarios; y de mujeres que aman, prestan su vida para que Dios se haga presente y manifieste su gloria en el planeta Tierra¨.

—FRANK LÓPEZ
Pastor principal, Jesus Worship Center
Doral, Florida, EE. UU.

PRÓLOGO

Una de las escrituras más importantes de la Biblia que se aplica a los hombres de negocios cristianos es Deuteronomio 8:18: *"Sino acuérdate de Jehová tu Dios, porque él te da el poder para hacer las riquezas, a fin de confirmar su pacto que juró a tus padres, como en este día"*. Moisés relató esto a los hebreos poco antes de que tomaran posesión de la gran riqueza en la Tierra Prometida. Dijo esto porque la gente acababa de pasar cientos de años en esclavitud en Egipto. Egipto era una tierra de gran sufrimiento y miseria; un marco económico y social impulsado por la codicia y el egocentrismo de los egipcios a expensas extremas de los hebreos esclavizados.

Durante los siguientes 40 años en el desierto, Dios enseñó a su pueblo a confiar en Él para todas sus necesidades, y ahora estaban a punto de adquirir la enorme riqueza almacenada para ellos en la tierra de Canaán.

Pero todo el pueblo de Dios que entró en la Tierra Prometida nunca había experimentado vivir con riqueza de ningún tipo. Iba a ser una nueva experiencia para todos ellos y Dios quería que fueran muy conscientes de que les exigía que usaran la nueva riqueza para crear una nación inspirada en el Reino de Dios. Una nación impulsada por una cultura de cuidar y compartir a la que Jesús se refirió más tarde en Mateo 25 como una nación oveja. Una nación de prosperidad universal y florecimiento humano donde todos adoraban al único Dios verdadero que proporcionaba la prosperidad. Todo lo contrario, a Egipto.

Estimado lector, esto no ha cambiado hasta el día de hoy. Nuestro Señor requiere que ustedes, los empresarios a quienes Él les ha dado el poder de crear riquezas hagan negocios con la intención deliberada de establecer Su pacto en la tierra hoy. Su pacto es la creación de las naciones ovejas modernas en la tierra. Si haces esto; si intencionalmente te propones lograr la amplia visión nacional de Dios con tu negocio, y si lo haces a Su manera, Él aplicará Su favor y tú experimentarás Su multiplicación sobrenatural. Si haces LA VOLUNTAD DE DIOS, A LA MANERA DE DIOS, tu negocio, tu comunidad y tu nación prosperarán.

Antes de aprender este principio, siempre fui un hombre de negocios de $2 millones. Esa fue la habilidad natural que Dios puso en mi ADN. En otras palabras, mi potencial genético en los negocios alcanzó un máximo de 2 millones de dólares.

Durante los primeros 22 años que estuve en el negocio, tuve 13 negocios diferentes en 9 industrias diferentes en 6 países diferentes, y no importó cuánto lo intenté, nunca superé la marca de $ 2 millones en ninguna de esas empresas.

Aunque fui cristiano durante 15 de esos 22 años. Aunque estaba diezmando. A pesar de que fui, con mucho, el mayor financiador de mi iglesia, y lo sé porque estaba en la junta de la iglesia y podía ver lo que venía, ¡eso continuó durante 10 años! Pero todavía nunca logré superar lo que era mi habilidad natural. Nunca trabajé en lo sobrenatural y mi terreno estaba maldito. Dios nunca quitó la maldición de mi suelo.

Hasta que un día, cuando estaba completamente arruinado, aprendí cómo atraer el favor de Dios HACIENDO LA VOLUNTAD DE DIOS, A LA MANERA DE DIOS, y todo cambió muy rápidamente. Por completamente arruinado me refiero a que no tenía dinero, no tenía activos y tenía $76,000 en deudas de tarjetas de crédito. Pero de repente me disparé DE ABAJO DE CERO A $100 MILLONES EN 2 AÑOS Y 7 MESES.

La razón por la que esto sucedió fue porque aprendí acerca de la visión más grande de Dios para la tierra, que era crear naciones ovejas modernas como en el concepto de Mateo 25 de naciones ovejas y cabras. Aprendí dónde encajaba en este panorama más amplio en términos de mi negocio y mi ASIGNACIÓN personal, o por qué Dios me había puesto en la tierra, en primer lugar. Y, SOBRE TODO, aprendí a HACER NEGOCIOS A LA MANERA DE DIOS. Aprendí a crear riqueza sin generar pobreza. Aprendí los secretos de Booz, quien se convirtió en un poderoso hombre rico porque permitió que el resto de la comunidad en Belén cosechara su éxito.

Mientras hacía eso, el Señor aplicó Su favor, y Él levantó la maldición de mi suelo, y la multiplicación fue enorme. Somos hoy un negocio de casi dos mil millones de dólares en términos de valoración, tenemos mucha influencia, y estamos creando naciones de ovejas en todo el mundo.

El Pastor Frank López entiende este principio más que cualquier otro pastor que haya conocido. Pastor Frank ha entrenado tan bien a su gente de negocios que más de 100 de ellos fueron invitados a la Casa Blanca por el vicepresidente de los Estados Unidos en 2019 para participar en la política interna de los Estados Unidos antes de las elecciones. Fueron a la Casa Blanca "para que establezca el pacto que juró a tus padres, como en este día".

Oro para que use su negocio para establecer el pacto de Dios en su nación y que Él aplique Su favor para que colectivamente creen un mundo mejor para su pueblo, tal como lo hizo Booz en el libro de Rut. Dios los bendiga.

—DAVE HODGSON
Director Administrativo de Paladin Group
Fundador de Kingdom Investors Ministry
https://www.kingdominvestors.com.au/

INTRODUCCIÓN

Vivimos un momento único de influencia poderosa en altos niveles a través de los empresarios que son parte del pueblo de Dios. Hay un mover del Espíritu Santo para convertir a los empresarios de Dios en personas de alta influencia en nuestra sociedad. Dios pondrá grandes recursos en sus manos en todas las áreas: educación, salud, economía, política y gobierno, tanto dentro del gobierno como fuera.

Serán líderes cuya fuerte influencia afectará, no solamente a su generación, sino a las nuevas generaciones; líderes con visión, personas cuyas decisiones trascenderán porque serán escuchados por aquellos que toman decisiones para la sociedad y las naciones. Dios ungirá con una visión a estos empresarios, serán recibidos por las figuras más altas de los países y lograrán implementar Su visión con su influencia.

Hago muy claro que este mover no tiene nada que ver con un evangelio de prosperidad ni con un amor al dinero que no predicamos ni promulgamos mi ministerio ni yo. No se trata de ser un empresario rico o próspero para aportar a las arcas o vanagloriarse de sí mismo. Este es un mover de Dios para este tiempo (no perpetuo), de hombres y mujeres de Dios, cuya prosperidad y capacidad empresarial extraordinarias los llevarán a una posición donde sean llamados, aceptados, escuchados y, sobre todo, poderosamente influyentes en las organizaciones que deciden e implementan cambios en nuestra sociedad, empezando por los gobiernos. Personas que, desde su posición, harán una llamada o un contacto para ser recibidos en cuanto a gestiones presentes y futuras, y serán atendidos por su poder de influencia. Sabemos que esa interacción ya ocurre, pero no con empresarios de Dios. Este mover ya empezó sutilmente en el Reino, pero Dios pretende crear un grupo grande de empresarios que lo representen a Él a nivel internacional.

Cuando hablo de personas empresarias, enfatizo que hay un mover grande de mujeres empresarias que desempeñarán un papel primordial dentro de estas personas influyentes.

Estos empresarios influyentes deben tener atributos específicos:

- Obediencia a su Palabra y al Espíritu Santo
- Obediencia a la cobertura pastoral y a las autoridades. Esto es importante porque:
  a. Debido a su labor, el enemigo va a atacar a su familia y habrá tentaciones que resistir.
  b. Hay que preparar en ellos un corazón pastoral.
  c. Tiene que haber orden. Dios no da abundancia donde no hay orden.
  d. Se requiere un rendimiento de cuentas.
- Saber canalizar su influencia con sabiduría.

- Obediencia para orar, que es el más alto nivel de honra y adoración.
- Tener un mentor; una persona que abre su vida espiritualmente y desde quien fluye al discípulo la impartición sobre el Reino. Un mentor es mucho más importante que un doctorado en teología. El patrón bíblico de enseñanza es a través de mentores; no de escuelas tradicionales.

La presencia y la inspiración del Espíritu Santo en este libro están en ofrecerte un mentoreo claro y preciso de cómo llegar a ser un empresario influyente para Dios. Capítulo a capítulo leerás todo lo que necesitas para forjarte en un empresario de Dios y para Dios. Este Ministerio y yo estamos llamados a ser instrumento de este mover del Espíritu Santo y nos corresponde equipar, preparar y cuidar a estos empresarios ungidos para ser de influencia poderosa y transformar el mundo.

PARTE I

LA UNCIÓN EMPRESARIAL

"Los más altos principios de mayordomía deben distinguir la administración multiplicadora de los bienes que Dios nos da. Dios añade a los que multiplican".
—Frank López

Capítulo 1

ESPÍRITU EMPRESARIAL

*Pero sus **negocios** y ganancias serán consagrados a Jehová; no se guardarán ni se atesorarán, porque sus ganancias serán para los que estuvieren delante de Jehová, para que coman hasta saciarse, y vistan espléndidamente.*
—Isaías 23:18

Hay un mover del Espíritu Santo para levantar hombres y mujeres con el corazón de siervo y la habilidad sobrenatural de multiplicar, con el fin de tomar naciones, gobiernos y de ser influencia determinante a favor de los propósitos de Dios. La Iglesia que no tiene influencia, no tiene poder, y ya comenzó el tiempo de la transferencia de poder a las manos de los hijos de Dios comprometidos a ser instrumentos para que naciones y gobiernos vivan de acuerdo con la intención que Dios siempre ha tenido.

Dios pondrá grandes recursos en las manos de estos empresarios, en la educación, y dentro y fuera de los gobiernos. Serán líderes ungidos con una visión, que afectarán nuevas generaciones y tomarán decisiones al nivel de la decisión que tomó Poncio Pilatos, que fue la decisión más importante de la historia.

Para que podamos cumplir ese alto propósito, la visión empresarial de los hijos de Dios tiene que ser diferente; debe reflejar la visión mayor de Dios. Si eres un siervo o una sierva del Señor Jesús, debes ver tu negocio como algo santo, algo puro, como un ministerio. Debes administrarlo y multiplicarlo con la mentalidad amplia, divina, de no solamente ganar dinero para ti y por el dinero mismo. Parte importante de la mayordomía sabia es ser testimonio vivo del cumplimiento de las promesas de Dios cuando le obedecemos, y comprometernos con estar en una posición de influir para ser instrumento de Sus planes.

Te invito a que leas esta elocuente parábola con ojos diferentes a como la has leído antes.

Porque el reino de los cielos es como un hombre que, yéndose lejos, llamó a sus siervos y les entregó sus bienes. A uno dio cinco talentos, y a otro dos, y a otro uno, a cada uno conforme a su capacidad; y luego se fue lejos. Y el que había recibido cinco talentos fue y negoció con ellos, y ganó otros cinco talentos. Asimismo, el que había recibido dos, ganó también otros dos. Pero el que había recibido uno fue y cavó en la tierra, y escondió el dinero de su señor. Después de mucho tiempo vino el señor de aquellos siervos, y arregló cuentas con ellos. Y llegando el que había recibido cinco talentos, trajo otros cinco talentos, diciendo: Señor, cinco talentos me entregaste; aquí tienes, he ganado otros cinco talentos sobre ellos. Y su señor le dijo: Bien, buen siervo y fiel; sobre poco has sido fiel, sobre mucho te pondré; entra en el gozo de tu señor. Llegando también el que había recibido dos talentos, dijo: Señor, dos talentos me entregaste; aquí tienes, he ganado otros dos talentos sobre ellos. Su señor le dijo: Bien, buen siervo y fiel; sobre poco has sido fiel, sobre mucho te pondré; entra en el gozo de tu señor. Pero llegando también el que había recibido un talento, dijo: Señor, te conocía que eres hombre duro, que siegas donde no sembraste y recoges donde no esparciste; por lo cual tuve miedo, y fui y escondí tu talento en la tierra; aquí tienes lo que es tuyo. Respondiendo su señor, le dijo: Siervo malo y negligente, sabías que siego donde no sembré, y que recojo donde no esparcí. Por tanto, debías haber dado mi dinero a los banqueros, y al venir yo, hubiera recibido lo que es mío con los intereses. Quitadle, pues, el talento, y dadlo al que tiene diez talentos. Porque al que tiene, le será dado, y tendrá más; y al que no tiene, aun lo que tiene le será quitado. Y al siervo inútil echadle en las tinieblas de afuera; allí será el lloro y el crujir de dientes.

—Mateo 25: 14-30

Las dos palabras claves de este pasaje bíblico son "siervos" y "bienes". Los siervos son:

- Aquellos que les pertenecen a su Señor.
- Obedecen las órdenes de su Señor.
- Trabajan, hacen la labor que su Señor necesita que hagan.
- No son sus propios dueños.
- Su carácter y su corazón son de servir con un espíritu de servicio.
- Nada les pertenece, todo le pertenece a su Señor.
- Lo que el Señor les entrega tiene un propósito.
- El Señor espera que produzcan, multipliquen y que sean diligentes.

Los bienes, aunque la mayoría de las personas los interpretan como algo únicamente material, se refieren a habilidades; talentos; visión; circunstancias; oportunidades; pasión, deseos de avanzar y de superación; y conexiones divinas con personas que nos inspiran, nos enseñan y que son puertas abiertas.

Esta es una parábola fuerte que es indispensable aplicar cuando hablamos de los empresarios de Dios. Aquí Jesús habla con toda autoridad y demuestra las consecuencias si no se trabaja con diligencia y valentía. La diligencia, el trabajo y la valentía serán recompensados con más de lo que produzcamos. Pero la falta de diligencia, el temor, el ignorar y valorizar los bienes, serán recompensados con menos, o no serán compensados. Todo lo que Dios nos da es para multiplicarlo.

Dios llama "siervos" a aquellos que son su extensión en la tierra; que son sus manos, sus pies y su boca aquí para hacer Sus obras. Cuando solo pensamos en nosotros, eso es egoísmo. El buscar nuestro interés personal a base del yo, del ego, nos descalifica de ser sus siervos y eso tiene consecuencias horribles como el temor y la duda en lo que haces, especialmente en lo que emprendes. Cuando tu mirada está puesta en ti, tendrás temor. Cuando tu mirada está puesta en Jesús, nada te detendrá.

Una empresa en las manos de Sus siervos es un ministerio, porque tú eres Su siervo. Y si tú eres Su siervo, estás ungido por Él para producir más, multiplicar y administrar con sabiduría los bienes de Dios en tu vida. Debes tener un corazón de siervo siempre para que Dios te prospere.

······················

Cuando tu mirada está puesta en ti, tendrás temor. Cuando tu mirada está puesta en Jesús, nada te detendrá.

······················

Tú puedes prosperar con tus trampas, matándote, trabajando, pero todo lo que produzcas sin Dios te va a maldecir. Todo te va a controlar, porque existen agentes demoníacos asignados a las riquezas. Nunca te vendas, ni te deslumbres por mucho dinero que te ofrezcan, si no es lo que Dios te está dando. En el mundo de los negocios satanás nos engaña. Cuida de no caer en sus trampas; asegúrate de ser siervo fiel del Señor siempre.

La Palabra dice:

*La bendición de Jehová es la que **enriquece**, y no añade tristeza con ella.*
—Proverbios 10:22

Dios les da los bienes a sus siervos porque los ama y los bendice. En esta parábola, que habla específicamente de dinero y de negocios, Él repartió los talentos según las habilidades, pero esta acción realmente era una prueba porque Dios siempre te va a probar antes de darte el sueño que tiene para ti. Antes de que los siervos comenzaran el sueño de Dios, la misión de Dios, Él les pidió cuentas de aquellos talentos que les había dado.

Cuando Dios les pidió cuentas sobre los talentos, los que multiplicaron los talentos fueron alabados por Él, diciéndoles: *"Buen siervo fiel, sobre poco has sido fiel, sobre mucho te pondré"*. Lo mucho de Dios trae gozo. Pero cuando el tercer siervo, al que le dio un talento, lo había escondido, se lo quitó y le dijo: *"Siervo malo y negligente..."*. Y después de quitarle el talento, le echó fuera a las tinieblas, para que ahí fuera el lloro y el crujir de dientes. Dicho siervo abrazó el miedo.

Como empresario nunca tengas miedo porque eso paraliza los planes de Dios para ti. Dios te demanda ganancia y fruto. Invertir donde no se produce no le sirve a Dios ni te sirve a ti. Invierte donde se produce fruto, donde haya transformación. Dios le dio aquel talento escondido al que tenía diez talentos, porque dice su Palabra que *"al que tiene le será dado y tendrá más. Y al que no tiene, aun lo que tiene le será quitado"*. La multiplicación de Dios es su gloria. Cuando Dios dice que al que tiene le será dado más, se refiere al que tiene:

- **Visión** para multiplicar
- **Fe** para creer
- **Diligencia** para trabajar

Nunca tengas miedo porque eso paraliza los planes de Dios para ti.

La oración es la antesala del hacer y el querer. Sin embargo, además de orar y ayunar, hay que tener diligencia, visión y fe para multiplicar los recursos de Dios. La empresa de Dios es la más complicada, pero la más bendecida cuando te conviertes en su siervo y le obedeces en todo.

Un siervo es uno que obedece las órdenes de su Señor. Cuando eres un siervo próspero, no debes cometer el error de repartir o sembrar donde se te da la gana.

Debes preguntarle primero a Dios: ¿Qué quieres que haga con los bienes que me has dado? No siembres a menos que Dios te ordene sembrar. Cuidado con el orgullo de hacerte pasar por bueno, ayudando a mucha gente para que te miren a ti. Eso es pecado; eso no es ser un siervo.

Si lo piensas bien, ni siquiera deberías necesitar preguntarle a Dios dónde sembrar, porque se supone que estás conectado al corazón de Dios en todo momento, y como siervos le pertenecemos a Él. La identidad y el valor te las da el Rey de Reyes, Señor de Señores. No tomes ejemplos del mundo, porque no eres del mundo. No asistas a convenciones tradicionales del mundo que solo alimentan el ego y la carne. Nada de eso te da la verdadera identidad.

Trabajamos porque Dios necesita que trabajemos y produzcamos. Lo que importa es que te metas en el llamado, en la asignación de Dios; en el río de Dios que prospera. Es ahí cuando los cielos se te abren, y no hay diablo ni nada que te pueda parar. Un siervo hace lo que el Señor necesita que haga. Tu carácter y tu corazón deben ser de servirle. No somos siervos del dinero, de la avaricia. No debemos operar en el yo. Debemos operar en Él. Eso no quiere decir que no prosperes y que no tengas muchos bienes. Quiere decir que prosperes conectado a Él, guiado por Él, obediente al llamado de Dios en ti. No hay privilegio más grande que conocerle y servirle al Señor de Señores. Nada bendice más que ejercer la mayordomía de sus bienes como Él nos ha asignado.

Dios nos va a probar para darnos la unción empresarial con el propósito de transformar naciones enteras. Recibir esa unción demanda administrar lo que Dios nos da con santidad, diligencia y sometimiento a su voluntad, obedeciéndolo en todo. Si eres un empresario y te estás robando los diezmos, no esperes que Dios te prospere.

Cuando tú honras a Dios, Él te pondrá delante de reyes. Cuando solo pensamos en nosotros, perdemos, estamos descalificados. Debemos pensar primero en Él y en que somos sus siervos.

Si eres un empresario y te estás robando los diezmos, no esperes que Dios te prospere.

Vamos a trabajar en lo que Él quiere que trabajemos. No aceptemos el temor y administremos lo que Dios nos da, sin temor. No ignoremos los mandatos de Dios. Dios no quiere que nadie se pierda.

Capítulo 2

DIOS DA EL PODER DE HACER LAS RIQUEZAS

Sino acuérdate de Jehová tu Dios, porque ÉL te da el poder para hacer las riquezas, a fin de confirmar su pacto que juró a tus padres, como en este día.
—Deuteronomio 8:18

EL SECRETO DE LOS GRANDES EMPRESARIOS

Por muchos años, miles de personas han pensado que ser pobres es una virtud o un estilo de vida que les acerca a Dios. No hay nada más lejos de la realidad. Nuestra conexión con Dios no se establece por sacrificios de pobreza ni de escasez. Por el contrario, Dios desea que vivamos en abundancia y que conquistemos riquezas para ayudar a quienes lo necesitan y para establecer su reino en la tierra.

El sacrificio de Jesús nos hizo libres por completo. Era necesario cortar la esclavitud y la opresión de Satanás sobre nuestras vidas. Por esas razones y por muchas otras, podemos estar seguros de que la voluntad de Dios para nosotros es que tengamos vida en abundancia. Así lo expresa en su Palabra.

> *El ladrón no viene sino para hurtar y matar y destruir; yo he venido para que tengan vida, y para que la tengan en abundancia.*
> —JUAN 10:10

Esa vida en abundancia abarca todas nuestras áreas; entre ellas, la salud, la familia y las finanzas.

La buena utilización de los recursos económicos nos da la posibilidad de cumplir a gran escala la Gran Comisión de llevar el mensaje del amor a todas las personas. El evangelio y el mensaje de salvación han llegado a los lugares más recónditos del mundo gracias al poder económico de aquellos que han financiado la evangelización en grandes cruzadas, programas misioneros y a través de los medios de comunicación.

En la Biblia podemos ver que, desde el principio, Dios ha establecido que es Él quien nos da poder para emprender, desarrollar y establecer con éxito todo aquello que estemos dispuestos a hacer. En este libro hablaremos del poder para hacer riquezas y cómo Dios capacita a su pueblo con el fin de cumplir con la Gran Comisión de que todos le conozcan.

Dios es primero. Todo comienza con Él porque es Él quien lo comienza todo como el gran Creador. Dios desea que tu relación con Él nunca cambie, y que tu reverencia y honra a Él como Dios nunca sea afectada. Quiere seguir siendo escuchado por ti y espera obediencia de tu parte. La Iglesia es la esposa de Jesús y este debe ser tu prioridad absoluta.

Dios da el poder. Él es quien unge a alguien con un propósito específico, y le da a cada persona dones y talentos diferentes que vemos reflejados como algo innato en cada uno. De la misma forma, nos guía en emprendimientos donde necesitamos poder sobrenatural para cumplir la misión, y nos da el poder para hacer riquezas. Ese poder no se lo da a todo el mundo, pero todo el mundo tiene acceso a ese poder.

Siempre podemos rendirnos y clamar a Dios por su unción y poder en los negocios, para generar un rendimiento económico que nos permita alcanzar nuestras metas en cualquier nivel porque tenemos acceso al poder que Dios nos da cuando nos conectamos con Él.

Dios es un Dios de pactos. Cada pacto que Él hace, lo cumple, porque Dios es fiel. En un pacto hay acuerdos específicos por las dos partes; nosotros debemos hacer siempre nuestra parte en obediencia.

De acuerdo con tu corazón, de acuerdo con tu obediencia y de acuerdo con como tú honras a Dios, vas a recibir lo que estás esperando.

TODO LE PERTENECE A DIOS

Somos simplemente mayordomos o administradores de las riquezas que Dios pone en nuestras manos. Nada nos pertenece para siempre. Sin embargo, en esta vida debemos hacer buen uso de todos los bienes que Dios nos dé.

Mía es la plata, y mío es el oro, dice Jehová de los ejércitos. La gloria postrera de esta casa será mayor que la primera, ha dicho Jehová de los ejércitos; y daré paz en este lugar, dice Jehová de los ejércitos.
—Hageo 2:8-9

Dios es el dueño de toda la prosperidad que podamos tener en esta tierra. Cuando Él interviene, ocurren grandes cambios. Su intervención revierte el pasado de escasez, cambia nuestro destino y hace que todo se eleve a un nivel superior. Si antes hicimos riquezas a la manera del mundo, lo que hagamos con Dios será mucho más excelente. Si antes trabajábamos sin descanso para lograr las riquezas, ahora fluirán de modo que podamos tener tiempo con nuestra familia. Dios transforma todo a su paso. Cuando Él interviene en nuestras vidas y en nuestra empresa, todo cambia para bien.

LA PROSPERIDAD BÍBLICA ES UN REGALO DE DIOS

¡Cuán innumerables son tus obras, oh, Jehová! Hiciste todas ellas con sabiduría; La tierra está llena de tus beneficios.
—Salmo 104

Dios ha creado todo en la tierra para nosotros. La tierra está llena de bendiciones, así como nuestra vida diaria.

Asimismo, a todo hombre a quien Dios da riquezas y bienes, y le da también facultad para que coma de ellas, y tome su parte, y goce de su trabajo, esto es don de Dios.
—Eclesiastés 5:19

Dios es bueno. En su gracia y misericordia está dispuesto a prosperarnos; por su bondad y por honrar lo que ve en nosotros.

EL PODER DE DIOS TIENE UN PROPÓSITO

Las riquezas tienen capacidad de convertirse en tu Dios, si les das un lugar muy grande en tu corazón.

Una cosa es anhelar riqueza y abundancia económica con el propósito de progresar, bendecir a tu familia y hacer el bien en general, afectando positivamente a tu entorno de forma colectiva. Otra cosa es la ambición. Si centras tu atención en las riquezas, le estarías quitando el lugar más importante a Dios y nuestro Dios es un Dios celoso.

El poder de Dios para hacer las riquezas no es una recompensa por tu servicio, o por tu devoción, sino que viene a través de tu obediencia y la entrega de tu corazón, que aprende a poner a Dios primero. Poner a Dios primero significa poner su voluntad sobre todas las cosas. En el nuevo pacto de gracia y de salvación por la fe en Cristo Jesús, su voluntad es salvar, sanar, restaurar y cubrir naciones enteras con su verdad. Su presencia y atención, su capacidad y su unción, tienen propósitos específicos, metas que Él quiere cumplir. Todo tiene que ver con la redención del ser humano; el pacto de Dios.

En el caso de Abraham, llamado el padre de la fe, Dios hizo pactos que afectaron a muchas generaciones, incluyendo tierra para formar una nación, recursos para financiar su establecimiento y su respaldo cuando se mantuvieran en el pacto. Igual que con los hijos de Abraham, Dios respalda la labor de nuestras manos con su favor divino, su protección divina y su bendición constante.

Este pacto se mantuvo por generaciones enteras y en aquella época, las personas reconocían el poder que Dios les daba a algunos para hacer riquezas. Veamos cómo esto se reflejó en la vida de Isaac:

> *Y sembró Isaac en aquella tierra, y cosechó aquel año ciento por uno; y le bendijo Jehová. El varón se enriqueció, y fue prosperado, y se engrandeció hasta hacerse muy poderoso. Y tuvo hato de ovejas, y hato de vacas, y mucha labranza; y los filisteos le tuvieron envidia. Y todos los pozos que habían abierto los criados de Abraham su padre en sus días, los filisteos los habían cegado y llenado de tierra. Entonces dijo Abimelec a Isaac: Apártate de nosotros, porque mucho más poderoso que nosotros te has hecho.*
> —Génesis 26:12-16

La Biblia establece que Él es quien nos da **poder** para hacer riquezas. En otra versión nos dice que Él es el quien nos da **fuerzas** para hacer riquezas. Le llames poder, fuerza, o favor de Dios, las riquezas se hacen, se obtienen, no caen del cielo, pero es bíblico que Dios nos da las estrategias. Pensemos en que Dios te da una semilla, pero debes preparar la tierra, regarla y cuidarla para obtener la planta y, por consiguiente, su fruto.

Esa es nuestra parte: la diligencia, el trabajo, el amor y la fe que ponemos para hacer todo con excelencia. Dios jamás bendice la vagancia ni la mediocridad, y mucho menos la falta de responsabilidad. El concepto de fe que promueve el estar quieto y no trabajar es una forma equivocada de creer.

Hay una capacidad que Él quiere depositar en alguien para que su pacto sea establecido. El libro de Gálatas, en el Nuevo Testamento, hace referencia a este pacto hecho por Dios con Abraham:

Así Abraham creyó a Dios, y le fue contado por justicia. Sabed, por tanto, que los que son de fe, éstos son hijos de Abraham. Y la Escritura, previendo que Dios había de justificar por la fe a los gentiles, dio de antemano la buena nueva a Abraham, diciendo: En ti serán benditas todas las naciones. De modo que los de la fe son bendecidos con el creyente Abraham (...).
—ǴALATAS 3:6-9

Este versículo establece que esa bendición dada a Abraham se extiende también a los hijos de la fe, a los gentiles, a todos nosotros.

...para que en Cristo Jesús la bendición de Abraham alcanzase a los gentiles, a fin de que por la fe recibiésemos la promesa del Espíritu.
—GÁLATAS 3:14

Esta bendición de abundancia no solo es para el pueblo hebreo. En Cristo Jesús es también para los gentiles.

Capítulo 3

NEGOCIOS EN SU PERFECTA VOLUNTAD

Enséñame a hacer tu **voluntad**, *porque tú eres mi Dios;*
Tu buen espíritu me guíe a tierra de rectitud.
—Salmo 143:10

Existen muchos aspectos importantes para el crecimiento de un negocio. Uno de ellos es el conocimiento del mercado, porque a través del estudio del consumidor y sus necesidades, así como de la competencia, se pueden diseñar las mejores estrategias de mercadeo. En este aspecto, buscar la asesoría de expertos es muy sabio. Tampoco se puede dejar de lado la selección del personal y los especialistas en cada área de nuestro servicio.

Pero por encima de todos los aspectos naturales, necesitamos alinear nuestra vida en la perfecta voluntad de Dios. Hablamos del orden de Dios en nuestra vida, poner nuestra relación con Él en primer lugar, luego nuestra familia, nuestro ministerio y entonces nuestro trabajo. Este orden radica en el corazón. Puede ser que pasemos más tiempo en el trabajo que en la casa, o que los tiempos de intimidad con Dios tengan una duración corta con respecto al tiempo que invertimos trabajando. Sin embargo, en nuestro corazón debe estar Dios en todo momento y a la hora de escoger, de tomar grandes decisiones, la familia debe ser nuestro enfoque principal.

El ser humano olvida con mucha facilidad el origen de su bienestar. Necesitamos, primero que todo, aprender acerca de las cosas que Dios hace y sus propósitos. Dios piensa en pactos. Por ejemplo: el matrimonio es un pacto. La salvación es un pacto. Dios hizo un pacto con su hijo Jesucristo y le dijo: Todo el que crea en tu sacrificio, todo el que honre tu sangre, yo lo honro con vida eterna.

> *Dios piensa en pactos.*

En un pacto entre dos personas, hay condiciones e instrucciones que ambas partes deben cumplir. En este caso lo aplicaremos a cómo hacer riquezas en términos financieros, entendiendo que el versículo de Deuteronomio 8:18 citado en el capítulo anterior, puede ser aplicado a todas las áreas de la vida, ya que la protección de Dios y el poder que tenemos en Él se refleja de una manera plena cuando vivimos en Él. Cuando aprendemos a recibir el poder o la fuerza para multiplicar, vemos los resultados porque Dios multiplica lo que tenemos. Te recuerdo que este poder está disponible para todo el mundo, pero pueden recibirlo solo aquellos que lo aprenden.

Deuteronomio 8:18 nos habla de nuestra naturaleza caída. Los seres humanos somos egoístas y buscamos lo que nos conviene. Por eso nos olvidamos fácilmente de Dios y sus bendiciones. Aprendemos a recordar lo que Dios ha hecho y hace por nosotros. Nadie nace con la capacidad de hacerlo. En los tiempos malos o en los tiempos buenos, tenemos que poner a Dios primero.

Dios desea que le amemos porque Él nos amó primero, pero su amor infinito desea tener nuestro corazón para ponerlo a salvo y para bendecirnos. Cuando Dios está en el primer lugar de tu vida, entonces recibes poder y fuerza para obtener riquezas.

La supremacía de Dios es tan importante que debemos reforzar esta enseñanza en puntos esenciales en estos versículos mencionados.

1. Dios es primero. Todo comienza con Él. Él quiere seguir siendo escuchado por ti. Y espera obediencia.
2. Dios desea que obedezcas para que tu corazón no se desvíe.
3. Dios da el poder para obtener riquezas. Tiene la capacidad de ungir a alguien con un propósito específico.
4. Dios es un Dios de pacto. El pacto que Él hace, lo cumple y hay acuerdos específicos por las dos partes.
5. La capacidad de hacer riquezas Dios no se la da a todo el mundo, pero todo el mundo tiene acceso a ese poder.
6. De acuerdo con tu corazón, a tu obediencia y de acuerdo con como honras a Dios, la riqueza tiene la capacidad de convertirse en tu dios. Y nuestro Dios es un Dios celoso.
7. Este poder de hacer riquezas no es una recompensa por tu servicio, o por tu devoción. Viene por tu obediencia a Dios y tu corazón, que aprende a poner a Dios primero.
8. Poner a Dios primero significa poner su voluntad sobre todas las cosas en el nuevo pacto de gracia y de salvación por fe en Cristo Jesús.

Su voluntad es salvar, sanar, restaurar y cubrir naciones enteras con su verdad.

LA INTIMIDAD CON DIOS ES ESENCIAL

Parte indiscutible de poner a Dios primero es tener una vida de intimidad con Dios. Así escucharemos los suspiros de su corazón. La manera en cómo tenemos intimidad con Dios es sencilla: solamente necesitamos invitarle y Él viene.

Luego, para establecer ese vínculo íntimo que nos permite conocer el corazón de Dios, escuchar su voz y tener su guianza, debemos:

- Primero, aceptar la invitación que Dios nos hace.
- Relacionarnos más profundamente con Dios.
- Estar cerca de Él, oyendo su corazón.
- Ser sensibles a su voz.
- Buscar de Él constantemente.

La intimidad con Dios es algo que debemos buscar en la lectura de la Biblia, en una iglesia donde se predique a Jesucristo como único Salvador y en nuestros tiempos de oración.

Comienza cada día buscando intimidad con Dios, invitándolo a que viva contigo cada día, involucrándolo en todo: tu casa, tu negocio, tus decisiones, tu familia.

Ocúpate de que Él permanezca en todo. Cuando involucras primero a Dios en tu vida, lo conocerás mejor cada día y al obedecerle, Él recompensará esa obediencia.

Mientras estás en intimidad con Dios, debes decirle: "Cuida mi boca, cuida mis decisiones, cuida mi corazón, guíame, Señor, evita que cometa errores y si lo estoy haciendo mal, detén ese proyecto o acción". A eso se le llama provocar intimidad con Dios. Las instrucciones para nuestra vida y nuestro éxito están en la intimidad.

Las instrucciones que necesitas para tu negocio están en la intimidad con Dios. Cuando metes a Dios en tu negocio, metes la multiplicación en tu negocio. La intimidad está en la oración.

Pídele a Dios que te diga exactamente qué quiere que hagas, porque Dios es un Dios de asignaciones. Tu empresa debe ser una asignación divina del cielo; y la asignación que Él da, Él la respalda. Por esa razón debes preguntarle a Dios sobre las personas, los momentos, los lugares y todo lo que envuelve un proyecto importante, para que Él pueda guiarte en el camino.

Dios te ayuda en todo porque te ama, pero su respaldo es diferente. Debemos buscar su respaldo total, lo cual ocurre cuando caminamos en su voluntad para nosotros. Pídele a Dios específicamente que te muestre cuál es tu asignación. Si Dios te pidió que no te metas en un negocio, por muy bueno que lo mires, no te metas.

No te guíes por los números; guíate por la voz de tu Señor que multiplica los números. Como consecuencia de este orden en nuestra vida, de la prioridad que le damos a Dios, de nuestra intimidad con Él, seremos más sensibles al Espíritu Santo, podremos escuchar sus peticiones y al obedecerle, tendremos recompensa.

Lee este ejemplo:

> *Mientras él hablaba con ellos, he aquí que aquel paladín que se ponía en medio de los dos campamentos, que se llamaba Goliat, el filisteo de Gat, salió de entre las filas de los filisteos habló las mismas palabras, y las oyó David. Y todos los varones de Israel que veían aquel hombre huían de su presencia, y tenían gran temor. Y cada uno de los de Israel decía: ¿No habéis visto aquel hombre que ha salido? Él se adelanta para provocar a Israel. Al que le venciere, el rey le enriquecerá con grandes riquezas, y le dará su hija, y eximirá de tributos a la casa de su padre en Israel. Entonces habló David a los que estaban junto a él, diciendo: ¿Qué harán al hombre que venciere a este filisteo, y quitare el oprobio de Israel? Porque ¿quién es este filisteo incircunciso, para que provoque a los escuadrones del Dios viviente?*
>
> —I SAMUEL 17:23-26

En este pasaje el Rey Saúl ofreció gran recompensa a quien enfrentara al gigante.

Consistía en mucho dinero, su hija en matrimonio y no más impuestos por el resto de su vida.

Si vemos el contexto bíblico, la empresa de la familia de David consistía en criar ovejas y negociar sus productos. En tiempos modernos podríamos decir que él era el *mánager* o gerente de esta empresa. Siendo él un pastor de ovejas, le fue asignado para llevar asistencia a sus hermanos. Pero dicha asignación fue cambiada por Dios en el camino, por una tarea que terminó en enfrentar al gigante victoriosamente. Como recompensa a esa obediencia a Dios, David recibió lo que el Rey Saúl había ofrecido.

Ante grandes amenazas a su pueblo, Dios pedirá a sus ungidos grandes hazañas y los va a recompensar en gran manera.

Tenemos que estar atentos a las instrucciones de Dios, tenemos que obedecer y obtendremos grandes ganancias. La visión de David era levantar el nombre de Dios, la reputación de su Dios y el poder del pacto que Dios había hecho con Israel. La visión de Dios era recompensar la obediencia. David no sabía lo que estaba pasando, él no sabía nada de la recompensa. Pero estaba atento a la voz de Dios y a obedecerle inmediatamente. David tuvo que reaccionar ante lo que estaba viendo por primera vez. David se dejó llevar por el impulso del Espíritu Santo y el celo que Dios había puesto en su corazón por su pueblo. David obedeció a Dios y recibió su recompensa.

El temor siempre se interpone. Pero David no tuvo temor y enfrentó al gigante. Y como resultado de esa intimidad con Dios, él le escuchó lo que tenía que hacer y venció. Desde el punto de vista humano, fue una transacción de negocios entre el Rey Saúl y David. Pero realmente fue una asignación de Dios para su ungido y Dios recompensó a David.

No tengas miedo de reaccionar a cosas que Dios te pide, que no las has hecho antes, porque la recompensa de Dios está en la obediencia y en la fe de que Él no te dejará solo en tu proceso. En el proceso de obedecerle, quizás te toque ir en contra de la lógica humana. Aún en esas ocasiones, confía, porque no existe el fracaso en Dios. No importa qué digan u opinen los demás; que te importen las instrucciones de Dios por sobre todas las opiniones. La obediencia es un acto de fe. La obediencia activa la multiplicación del cielo.

Todos los empresarios tenemos una asignación específica, y todos los días tenemos que invitar a Dios a nuestra vida, para encontrar dirección para ejecutarla. Las asignaciones de Dios van creciendo y cambiando como una semilla hasta llegar a lo que Dios quiere que hagamos. Nos da las instrucciones que requieren obediencia.

La visión de Dios y las instrucciones no suelen suceder solas; necesitan participación humana. Dios lo hace todo, pero tú tienes que decirle que sí. Eso se llama obediencia. Obediencia es algo que Dios busca; Él lo hace con un propósito. Antes de la recompensa siempre viene la obediencia. Esta es una señal de una verdadera relación con Dios; una señal de que hay aceite en tu lámpara. La obediencia se constituye en una señal de que estamos bajo un pacto con Él.

Todos los empresarios tenemos una asignación específica.

Dios no quiere una relación contigo para usarte, sino para amarte. Igualmente nosotros debemos querer una relación con Dios para amarlo, no para usarlo. El que ama une, busca armonía. Buscar a Dios y sus bendiciones con el solo propósito de hacer dinero es como usarlo de amuleto; es pecado, es vergonzoso. Dios conoce el corazón por dentro, no lo podemos engañar. Debemos buscar a Dios para amarlo, servirle y honrarle. Cuando lo hacemos y nos deleitamos en Él, Él concede los deseos de nuestro corazón.

Deléitate asimismo en Jehová, Y él te concederá las peticiones de tu corazón.
—Salmos 37:4

Dios a propósito te pedirá obediencia. Te dará instrucciones para ver qué haces. Él nos prueba para asegurarse de que estamos preparados para la asignación, el propósito divino. Tenemos que entender que estamos en una asignación constante y esa asignación siempre tiene que ver con la justicia de Dios.

Dios te habla cosas en la intimidad, que en el momento no entiendes. Pero al levantarse el diablo en contra tuya, entiendes y recuerdas lo que Dios te ha dicho en la intimidad. Con esto quiero decir que cuando mantienes una comunicación íntima con Dios, Él te va a advertir incluso de los ataques que se van a levantar en tu contra. Cuando desobedeces, le das licencia al enemigo para destruir tus planes; por esa razón debes mantenerte alineado a la voluntad de Dios. Él nos dará estrategias con anticipación para saber cómo actuar en cada batalla. Así fue como David, cuando oyó la voz del gigante, se acordó de lo que Dios le había dicho, y obedeció a Dios y recibió su recompensa.

Dios siempre gana, no importa lo grande que sea tu enemigo.

EL ÉXITO ESTÁ EN OBEDECER

En el caso de David, el éxito fue que estaba siempre atento a las instrucciones de Dios. Así nosotros debemos estar atentos a las instrucciones de Dios y a los cambios de asignación que nos puede dar en el camino.

Así como Dios le dijo a Abraham que estableciera la cultura de obedecer a Dios para que las generaciones no se olvidaran de las promesas que Dios le había dado, el llamado de tus hijos y tus nietos empieza contigo. Dios es un Dios de generaciones.

> *Hay que edificar negocios con una visión generacional, involucrando a nuestros hijos. Las familias unidas hacen empresas.*

La recompensa a David vino por añadidura. Nuestra visión no debe buscar la ganancia personal. Dios conocía el corazón de David y el celo que sintió aquel muchacho por el pueblo de Dios. David buscaba reivindicar al ejército de Israel, que estaba aterrorizado por este gigante. Su motivación no era la gloria personal, sin embargo, le sobrevino. Su visión no estaba en la recompensa, sino en lo que Dios le había hablado.

Si pones tu negocio en las manos de Dios y tienes el celo de Dios para defender su Palabra y establecer su reino en la tierra, vas a defender su nombre, vas a ponerlo en alto y verás cómo Dios va a multiplicar tu negocio. Dios te va a añadir la ganancia personal mejor de lo que puedes imaginar.

> *Ahora, pues, si diereis oído a mi Voz, y guardareis mi pacto, vosotros seréis mi especial tesoro sobre todos los pueblos...*
> —Éxodo 19:5

Aquí la Biblia nos reafirma que, si escuchamos la voz de Dios y guardamos su pacto, seremos su especial tesoro y nos recompensará si le obedecemos.

Dios es quien te ha dado los dones que posees y las oportunidades que te han traído hasta aquí. Tú fuiste creado y colocado por Dios en esta hora, para traer los cielos a la tierra: para que tu negocio prospere, para dar empleo a las familias, para que se establezca la verdad de Cristo en las naciones. Tú eres especial tesoro del Dios todopoderoso. Ese eres tú.

El verso que sigue en esta porción del libro de Éxodo dice:

Y vosotros me seréis un reino de sacerdotes, y gente santa. Estas son las palabras que dirás a los hijos de Israel.
—Éxodo 19:6

Esta escritura nos dice también que seremos un reino de sacerdotes; un sacerdote es uno que intercede. En tu identidad como empresario está ser un intercesor de Dios. Como consecuencia, debemos tomar el gobierno para interceder como un ejército de empresarios de Dios para solucionar los problemas, para enderezar lo que esté torcido.

Si lo vemos desde una perspectiva empresarial, lo ocurrido en ese pasaje fue una transacción comercial de Dios, no de David. David actuó de acuerdo con su celo por Dios e hizo caso a las instrucciones que Dios le había dado en la intimidad, así como al impulso del Espíritu Santo dentro de él. La amistad de David con Dios trasciende a lo largo de su vida. Aún en los momentos en que David falló y pecó, siempre volvió a buscar su intimidad con Dios, porque era verdadera.

Vosotros sois mis amigos, si hacéis lo que yo os mando. Ya no os llamaré siervos, porque el siervo no sabe lo que hace su señor; pero os he llamado amigos, porque todas las cosas que oí de mi Padre, os las he dado a conocer.

—Juan 15:14-15

En este hermoso pasaje se explica la conexión tan maravillosa que Jesús hizo con sus discípulos. Ellos eran sus amigos, ellos habían estado con Él, viajando, trabajando, llevando adelante su ministerio, la asignación divina que el Padre celestial le había dado, ellos eran su equipo. Los llamó amigos.

Nosotros, como seguidores de Jesús, somos su equipo, somos sus manos y sus pies en la Tierra de los vivientes. Tenemos la asignación de seguir sus instrucciones plasmadas en la Biblia y las instrucciones que el Espíritu Santo, el consolador que Él nos dejó, nos da en cada situación. Dios nos da a conocer todo lo que necesitamos saber sobre cómo llevar el negocio a otros niveles de acuerdo con su voluntad, siempre y cuando lo busquemos, lo escuchemos en la intimidad y le obedezcamos en todo.

En esta maravillosa amistad, Dios nos comparte su celo, sus deseos y sus planes. Eso es lo que te hace ser un intercesor radical. A los intercesores radicales, Dios les abre los cielos. Relación e intimidad es una fórmula que nos lleva a seguir instrucciones. Acostúmbrate a buscar primero las instrucciones de Dios, para tomar las decisiones en tu negocio.

Capítulo 4

EL EVANGELIO DE JESUCRISTO: TRANSFORMACIÓN Y MULTIPLICACIÓN

Porque no me avergüenzo del evangelio, porque es poder de Dios para salvación a todo aquel que cree; al judío, primeramente, y también al griego. Porque en el evangelio la justicia de Dios se revela por fe y para fe, como está escrito: Mas el justo por la fe vivirá.
—Romanos 1:16-19

El evangelio es el poder transformador de Dios para tomar lo común y convertirlo en extraordinario. Es poder de Dios para salvación, vida eterna, sanidad y prosperidad.

El evangelio de Jesucristo no es solo un mensaje de esperanza, de sanidad y de redención. Todo eso es parte del evangelio, pero la intención de Dios es transformar.

Por su Palabra todo ha sido hecho:

- Él habló y fue la luz.
- Él habló, y el caos y el desorden dejaron de ser.
- Él habló y sanó. Su Palabra hace que la enfermedad huya.
- Él habló, y quitó el lamento y la desesperación.

LA PESCA MILAGROSA Y LOS NEGOCIOS

En la vida empresarial existen muchos altos y bajos. Un negocio puede despuntar muy bien y decaer, o puede tornarse en una odisea simplemente el iniciar una empresa. En ocasiones, Dios permite que el empresario tome todas las decisiones que cree correctas y, sin embargo, llega un momento en que la falta de resultados le lleva a clamar por una estrategia nueva.

Es entonces cuando Dios da una Palabra, una orden, una visión.

> *Si la persona escucha y obedece, podemos ver grandes milagros ocurrir, tal y como al principio de los tiempos.*

La Biblia habla de una pesca milagrosa, donde hombres diestros en el oficio de pescar durante toda su vida habían tirado las redes con la experiencia que los caracterizaba, y nada pasaba. Veamos cómo la intervención divina y la obediencia de aquellos hombres lo cambiaron todo.

Aconteció que, estando Jesús junto al lago de Genesaret, el gentío se agolpaba sobre él para oír la palabra de Dios. Y vio dos barcas que estaban cerca de la orilla del lago; y los pescadores, habiendo descendido de ellas, lavaban sus redes. Y entrando en una de aquellas barcas, la cual era de Simón, le rogó que la apartase de tierra un poco; y sentándose, enseñaba desde la barca a la multitud. Cuando terminó de hablar, dijo a Simón: Boga mar adentro, y echad vuestras redes para pescar. Respondiendo Simón, le dijo: Maestro, toda la noche hemos estado trabajando, y nada hemos pescado; mas en tu palabra echaré la red. Y habiéndolo hecho, encerraron gran cantidad de peces, y su red se rompía. Entonces hicieron señas a los compañeros que estaban en la otra barca, para que viniesen a ayudarles; y vinieron, y llenaron ambas barcas, de tal manera que se hundían. Viendo esto Simón Pedro, cayó de rodillas ante Jesús, diciendo: Apártate de mí, Señor, porque soy hombre pecador. Porque por la pesca que habían hecho, el temor se había apoderado de él, y de todos los que estaban con él, ᵞ asimismo de Jacobo y Juan, hijos de Zebedeo, que eran compañeros de Simón. Pero Jesús dijo a Simón: No temas; desde ahora serás pescador de hombres.

—Lucas 5:1-10

Si estudias bien el pasaje, ves que Dios envía su Palabra al hombre, el hombre la recibe y la activa por medio de la obediencia, y entonces suceden los milagros.

Para Pedro, esto fue una muestra de cómo el *Rhema* de Dios (una palabra de Dios oportuna e inspirada por el Espíritu Santo, que trae vida, poder y fe para realizarla y cumplirla) y la obediencia de un hombre, cuando se unen, traen multiplicación, abundancia y milagros económicos. Pedro no puso su mirada solamente en la ganancia que vendría a su bolsillo, sino en el gran descubrimiento del poder de Dios frente a él. La pesca milagrosa significa: Yo, Jesucristo, me meto en tu negocio, te daré información e instrucciones; y entonces verás milagros.

En conclusión, en este pasaje de la pesca milagrosa...

1. Jesús todo lo llena. Él toma el vacío y lo hace sobreabundar como hizo con las dos barcas.
2. Pedro pasó la prueba. Él pudo ver la gloria de Dios en la abundancia.
3. Lo primero que hizo Pedro fue honrar a Jesús; la abundancia no le quitó el primer lugar a Jesús.

4. Pedro obedeció y vio la Gloria de Dios en la abundancia.

Dios envía su Palabra al hombre, el hombre la recibe y la activa por medio de la obediencia, y entonces suceden los milagros.

En el mensaje del evangelio encontramos que al aplicar la sabiduría y los principios de Dios se producen grandes resultados. El evangelio de Jesucristo tiene el poder de transformar la escasez en abundancia, de hacer que la tierra sea fértil, y de provocar que Dios bendiga tus manos y que tu siembra sea multiplicada mucho más allá del cien por ciento.

La lectura constante de la Biblia es un entrenamiento para lograr una vida llena de frutos maravillosos. Entre muchas cosas, encontramos los secretos y el poder para hacer riquezas, aprendemos cómo trabajar con lo que tenemos y aprendemos a superarnos, a trabajar y a multiplicar.

Bienaventurado el varón que no anduvo en consejo de malos, ni estuvo en camino de pecadores, ni en silla de escarnecedores se ha sentado; sino que en la ley de Jehová está su delicia, y en su ley medita de día y de noche. Será como árbol plantado junto a corrientes de aguas, que da su fruto en su tiempo, Y su hoja no cae; Y todo lo que hace, prosperará .
—Salmo 1:1-3

Deleitarnos en la obediencia a Dios y meditar en su Palabra nos hace prosperar espiritualmente y también en este mundo natural, porque nos hacemos recipientes del poder de Dios.

Dios es Dios de multiplicación. Con Dios puedes prosperar; ¡con Dios vas a prosperar!

Parte II

EL PODER DE LA OBEDIENCIA

"El plan de Dios es grande. Y siempre mucho más grande que el tuyo. Para que el plan de Dios se establezca sobre tu plan, hace falta obediencia. Es la obediencia la puerta para la prosperidad que Dios ha preparado para sus hijos".
—Frank López

Capítulo 5

DIOS DE ORDEN Y ESTRUCTURA

El hombre impío endurece su rostro;
*Mas el recto **orden**a sus caminos.*
—Proverbios 21:29

Necesitamos establecer la justicia de Dios en nuestras vidas para poder ser contados como justos en medio del mundo en el cual vivimos. Sabemos también que la obediencia es la clave para la bendición y la multiplicación. ¿Cómo empezamos?

Lo primero es establecer orden. Dios es un Dios de orden. Donde no hay orden, el Señor espera hasta que lo haya para visitarte. El diablo visita el desorden. Si tú no estás en orden, le estás haciendo una invitación al diablo para que visite tu empresa, tu hogar, tu ministerio, tus finanzas. Todo tiene que estar en orden para que el diablo no te visite porque el diablo visita el desorden de los cristianos.

El orden de Dios tiene que ver con nuestras prioridades. Debemos tener en cuenta que Dios desea que le demos la prioridad a Él; en seguida después viene nuestra familia. Esto no es porque Dios desee ser el centro de nuestra atención como un requisito egocentrista, sino porque es la forma en que podemos recibir sus atributos y mantenernos conectados a su poder para vencer las dificultades y caminar en su plan divino.

En seguida después de Dios, la prioridad es nuestra familia. No debemos postergar nuestros tiempos con la familia por el tiempo que le dedicamos a nuestra empresa o negocio. Entendamos, por supuesto, que en todo comienzo hace falta hacer sacrificios y no siempre vamos a estar en casa. Sin embargo, hay momentos y circunstancias en las que debemos elegir estar con la familia. En este sentido, aunque no sea mucho tiempo al día, que sea un tiempo de calidad.

Dios es un Dios de estructura. Él hace estructuras de hombres para manifestar su paz, su bendición, su protección. Estructuras de hombres que alimentan, aconsejan, orientan y ministran. Cuando el Espíritu de Dios se encuentra con esa estructura en el orden bíblico, ahí Él fluye. Donde no hay orden no está el Espíritu Santo. El Espíritu Santo no visita donde no hay estructuras de hombres.

Tú puedes operar en los dones del Espíritu Santo sin el Espíritu Santo, porque los dones Dios los da y los quita. Un día te pedirá cuentas sobre esos dones: si los usaste bajo la cobertura de Él o si los usaste en tu carne bajo la unción del diablo, porque el diablo también unge. Pero cuando el Espíritu Santo encuentra una estructura en orden conforme a la Biblia, al consejo de la Palabra de Dios, ahí fluye enseñanza, consejo, orientación, el poder de la gloria y la bendición. Ahí hay aguas vivas donde Él te planta y tu hoja no cae. Ahí todo lo que haces prospera. Él cuida de ti, de lobos, engaños y aún de emociones que te pueden confundir. El Espíritu Santo busca estructuras humanas en orden para fluir.

Aconteció que al día siguiente se sentó Moisés a juzgar al pueblo; y el pueblo estuvo delante de Moisés desde la mañana hasta la tarde. Viendo el suegro de Moisés todo lo que él hacía con el pueblo, dijo: ¿Qué es esto que haces tú con el pueblo? ¿Por qué te sientas tú solo, y todo el pueblo está delante de ti desde la mañana hasta la tarde? Y Moisés respondió a su suegro: Porque el pueblo viene a mí para consultar a Dios.

Cuando tienen asuntos, vienen a mí; y yo juzgo entre el uno y el otro, y declaro las ordenanzas de Dios y sus leyes. Entonces el suegro de Moisés le dijo: No está bien lo que haces. Desfallecerás del todo, tú, y también este pueblo que está contigo; porque el trabajo es demasiado pesado para ti; no podrás hacerlo tú solo. Oye ahora mi voz; yo te aconsejaré, y Dios estará contigo. Está tú por el pueblo delante de Dios, y somete tú los asuntos a Dios. Y enseña a ellos las ordenanzas y las leyes, y muéstrales el camino por donde deben andar, y lo que han de hacer. A demás escoge tú de entre todo el pueblo varones de virtud, temerosos de Dios, varones de verdad, que aborrezcan la avaricia; y ponlos sobre el pueblo por jefes de millares, de centenas, de cincuenta y de diez. Ellos juzgarán al pueblo en todo tiempo; y todo asunto grave lo traerán a ti, y ellos juzgarán todo asunto pequeño. Así aliviarás la carga de sobre ti, y la llevarán ellos contigo. Si esto hicieres, y Dios te lo mandare, tú podrás sostenerte, y también todo este pueblo irá en paz a su lugar. Y oyó Moisés la voz de su suegro, e hizo todo lo que dijo. Escogió Moisés varones de virtud de entre todo Israel, y los puso por jefes sobre el pueblo, sobre mil, sobre ciento, sobre cincuenta, y sobre diez. Y juzgaban al pueblo en todo tiempo; el asunto difícil lo traían a Moisés, y ellos juzgaban todo asunto pequeño.

—ÉXODO 18:13-26

En el libro de Éxodo, Moisés estuvo 40 años preparándose para su llamado. El llamado de Moisés fue múltiple. Él fue líder, el libertador de Israel. Israel había estado 400 años en el mundo del pecado, en la esclavitud. Egipto significa esclavos del pecado. Y el Señor levantó a un líder que se llamó Moisés. Él, antes de ser un gran líder, pastoreaba las ovejas de su suegro.

Moisés tuvo mucho respaldo de Dios. Dios le hablaba cara a cara y él obedecía el consejo de Dios. Por eso decían que él era un hombre manso. Un hombre manso es una persona que escucha el consejo de Dios, que valoriza el consejo de Dios y hace el consejo de Dios. Obedecer el consejo de Dios te da mucha autoridad, dándote respaldo. Dios te planta en corrientes de agua y todo lo que tú haces prospera.

Todo lo que Moisés hacía prosperaba, pero llegó el momento en que ya no podía con el pueblo. Al ver esto, su suegro le preguntó por qué él estaba haciendo solo todo el trabajo, pues de continuar así desfallecería, porque era demasiado. Le dijo que eso no estaba bien. Aquí nos preguntamos por qué si Moisés hablaba cara a cara con Dios, no se lo dijo Dios a Él directamente, tuvo que decírselo a su suegro.

Vemos cómo Dios usa estructuras humanas de autoridad para guiarte. En el mundo espiritual su suegro era su papá, como lo son tus suegros en el mundo espiritual; personas de autoridad en lo natural y en lo espiritual a la vez. Su suegro, un hombre noble, le dio consejo a un líder de toda una nación de millones. Su liderazgo fue espiritual, administrativo, gubernamental.

El primer líder de gobierno de Israel fue Moisés. La nación de Israel se establece en el desierto antes de llegar a la tierra prometida. Ya ellos venían como nación y se establecieron como tal, cuando Dios le dio a Moisés el código moral de una nación, las Tablas de la Ley. Cuando su suegro le habló, le dijo que le escuchara y Dios estaría con él. Le dijo: está tú por el pueblo delante de Dios y somete tú los asuntos a Dios y enséñales las ordenanzas, las leyes. Muéstrales los caminos por donde deben andar y lo que deben hacer. Escoge tú, de dentro de todo el pueblo, varones de virtud, varones temerosos de Dios, varones de verdad que aborrezcan la avaricia y ponlos sobre el pueblo por jefes de millares, de centenares y de cincuenta y de diez.

Mira el detalle del orden, de la formación de los equipos y las órdenes que debería darles, para que realmente fueran su ayuda. Ellos juzgarían al pueblo en todo tiempo y todo asunto grave lo traerían a él. Ellos juzgarían todo lo pequeño, así alivianarían la carga sobre él y la llevarían con ellos. Si hacía esto y Dios se lo mandare, podría sostenerse y todo el pueblo podría ir en paz al lugar a donde debían ir.

Mira cómo la estructura humana de autoridad y el orden de las palabras traen paz al pueblo. Paz es la palabra "shalom", que habla de prosperidad, de encontrar respuestas, avanzar, caminar, de no estar estancado; habla de soluciones. Aquello que te roba la paz Dios lo puede eliminar. "Shalom" habla de sanidad, de restauración, de paz. Y oyó Moisés la voz de su suegro. El liderazgo de Moisés no solo fue porque Dios le hablaba a Él directamente. El liderazgo de Moisés también fue porque Dios le habló a través de otros. Le dio una estructura de orden para apacentar al pueblo.

Operar bajo los fundamentos bíblicos es parte del orden. En la Biblia encontramos instrucciones claras para la vida y respuestas para cada interrogante. Es necesario que cada vez que vayamos a tomar una decisión, oremos y pidamos la dirección de Dios. Una de las formas en que Él nos habla es a través de su Palabra. Algo que vaya en contra de la Palabra de Dios, no prosperará en la vida de quienes Dios desea que puedan ser parte de su ejército, estableciendo Su Reino en la Tierra.

La excelencia y la obediencia son actitudes imprescindibles para la prosperidad en el orden y la estructura de Dios. Veámoslas en detalle en los capítulos siguientes.

Capítulo 6

ACTITUD DE EXCELENCIA

*Bienaventurados los perfectos de camino,
Los que andan en la ley de Jehová.*

—Salmo 119:1

Vemos la actitud de excelencia en la creación, en la redención y en su provisión. Debemos tener primero excelencia para Dios, la familia y el trabajo. Todos los tratos en nuestras vidas están diseñados para desarrollar en nosotros el espíritu de excelencia.

Vamos a definir la palabra excelencia:

- Calidad superior
- Atributo que establece reconocimiento
- El extra que cancela lo ordinario
- Bondad que atrae atención especial
- Trato al prójimo con respeto, cortesía, apreciación, importancia y dignidad
- Una intención genuina de apreciar, valorizar y dar lo mejor
- Ser agradecido y cuidar, valorizar, añadir, aportar para que algo sea mejor; nivel de prioridad que expresamos.

¿Qué es espíritu de excelencia?

- Es una actitud que se hace parte de tu manera de vivir, es un estilo de vida.
- En tu espíritu valorizas la revelación de que Dios está presente en todo lo que tú estás presente.
- Entregas lo mejor de ti, perseveras y buscas superarte cada vez más.
- Una actitud de no conformarte con lo suficiente, sino soñar y activar tu sueño en superar lo

que lograste. Eso nos da visión y motivación para trabajar.

A Dios le importa la excelencia. Todo lo que Él hace refleja su pasión por la excelencia. Él se fija en la manera que hacemos las cosas. Le importa la calidad. Él se esmera y se preocupa por que las cosas salgan bien. Se fija si existe consideración, eficiencia, justicia y actitudes correctas.

¡Nuestro Dios es Dios de excelencia! Sus tratos en nuestras vidas están diseñados para desarrollar en nosotros una actitud superior y que aprendamos a dar y a poner lo mejor de nosotros. La mediocridad, el conformismo, el no querer aprender más, la crítica, el menosprecio, el chisme son enemigos de la excelencia. Es un espíritu demoniaco de pobreza, de miseria que pone identidad y establece maldiciones generacionales. La mediocridad destruye o cancela la excelencia; por eso es opuesta a Dios.

Cuando pones el mayor interés y entregas lo mejor de ti, eso define una actitud de excelencia. La excelencia es un principio de honra, de respeto, y de amor a la vida; su consecuencia es siempre prosperidad.

Y todo lo que hagáis, hacedlo de corazón, como para el Señor y no para los hombres; sabiendo que del Señor recibiréis la recompensa de la herencia, porque a Cristo el Señor servís.

—Colosenses 3:23-24

Dios se fija, observa y es motivado con la intención y la motivación de tu corazón. Dios ve las cosas que tú haces como una expresión de lo que guardas en tu corazón. Él ve la manera en que servimos en nuestros hogares, la familia, la iglesia, los ministerios, nuestras empresas y nuestro trabajo.

Lo que tú haces y cómo lo haces es para Dios un reflejo de la forma en que lo honramos; el compromiso y el nivel de prioridad en que buscamos hacer lo que hacemos bien, de corazón, tratándolo con respeto. La motivación interna es reflejada en como tú haces las cosas. Y Dios es digno de que le des lo mejor, y que busques superarte para darle aún más y con mayor excelencia.

LA EXCELENCIA TIENE UN PLAN

No os hagáis tesoros en la tierra, donde la polilla y el orín corrompen, y donde ladrones minan y hurtan; sino haceos, tesoros en el cielo, donde ni la polilla ni el orín corrompen, y donde ladrones no minan ni hurtan. Porque donde esté vuestro tesoro, allí estará también vuestro corazón.

—MATEO 6:19-21

Nuestra motivación siempre debe ser Jesús, su Palabra y su voluntad. Hacemos en la tierra, pero con un corazón que lo ama, que lo honra y que es consciente de que Él está con nosotros.

Tomó, pues, Jehová Dios al hombre, y lo puso en el huerto de Edén, para que lo labrara y lo guardase. Y mandó Jehová Dios al hombre, diciendo: De todo árbol del huerto podrás comer.
—Génesis 2:15-16

Antes de la caída del hombre, Dios había establecido productividad, trabajo y servicio. La tierra era bendita y el trabajo fue diseñado para beneficio y satisfacción del hombre. Dios diseñó al hombre y a la tierra para que produjeran juntos, para que multiplicaran juntos y para crear recursos, sustentos y arte juntos.

Entonces Jehová Dios formó al hombre del polvo de la tierra, y sopló en su nariz aliento de vida, y fue el hombre un ser viviente. Y Jehová Dios plantó un huerto en Edén, al oriente; y puso allí al hombre que había formado. Y Jehová Dios hizo nacer de la tierra todo árbol delicioso a la vista, y bueno para comer; también el árbol de vida en medio del huerto, y el árbol de la ciencia del bien y del mal. Y salía de Edén un rio para regar el huerto, y de allí se repartía en cuatro brazos. El nombre del uno era Pisón; este es el que rodea toda la tierra de Havila, donde hay oro; y el oro de aquella tierra es bueno; hay allí también bedelio y ónice. El nombre del segundo río es Gihón; este es el que rodea toda la tierra de Cus. Y el nombre del tercer río es Hidekel; este es el que va al oriente de Asiria. Y el cuarto río es el Éufrates. Tomó, pues,

Jehová Dios al hombre, y lo puso en el huerto de Edén, para que lo labrara y lo guardase.
—Génesis 2:7-15

Notemos que había un plan y un orden. Había gratificación, placer y deleite. "Adam" en hebreo significa "humanidad". "Adamah" en hebreo significa "tierra" y es la expresión femenina de la palabra "Adam". En Génesis 3:17 vemos que Dios maldice la tierra por causa del pecado de Adam y Eva.

Cristo, el segundo Adam, vino a redimir y a renovar nuestra creación productiva y a restablecer gratificación y significado en nuestra capacidad de producir. Cristo vino a bendecir la tierra y a establecer en nosotros una mayor visión, una mayor actitud. Cristo vino a establecer el espíritu de excelencia.

Ora para que Dios te dé la unción de excelencia. Deséala y esfuérzate en dar lo mejor de ti.

SU PRESENCIA

Cristo vino a hacernos templo del Espíritu Santo. Eso significa Tú y Dios unidos, juntos, soñando, produciendo, multiplicando y cuidando lo que Él añade. Tu trabajo es importante, tus talentos son importantes, tus sueños son importantes. Dios llamó a muchos mientras trabajaban: Pedro, Juan, Jacobo, Mateo, David, Moisés, Elías y Pablo.

En el jardín del Edén la combinación perfecta fue: familia, hogar, matrimonio, relación íntima con Dios, iglesia, trabajo, productividad. Dios se apasiona por crear y por producir. Invítalo a tu vida, invítalo a tu hogar y a tu trabajo. Dale su lugar y verás cómo su bendición estará.

Su presencia en nosotros establece excelencia. La llenura y el fluir del Espíritu Santo son una manifestación de excelencia.

> *Mira, yo he llamado por nombre a Bezaleel hijo de Uri, hijo de Hur, de la tribu de Judá; y lo he llenado del Espíritu de Dios, en sabiduría y en inteligencia, en ciencia y en todo arte, para inventar diseños, para trabajar en oro, en plata y en bronce, y en artificio de piedras para engastarlas, y en artificio de madera; para trabajar en toda clase de labor. Y he aquí que yo he puesto con él a Aholiab hijo de Ahisamac, de la tribu de Dan; y he puesto sabiduría en el ánimo de todo sabio de corazón, para que hagan todo lo que te he mandado; el tabernáculo de reunión, el arca del testimonio, el propiciatorio que está sobre ella, y todos los utensilios del tabernáculo.*
> —ÉXODO 31:2-7

Esta es la primera vez en la Biblia que se menciona una persona llena del Espíritu Santo. Notemos que habla de sabiduría, trabajo y creatividad, servicio a Dios; habla de producir algo. El Espíritu Santo es Dios de sabiduría, inteligencia y ciencia en todo arte para trabajar. Dios mismo lo envió, lo mandó. Él dio la llenura de su Espíritu, los recursos, el sueño y la visión.

Su presencia en tu vida tiene un plan creativo. Si a Él le damos lo mejor de nosotros, eso es honra. Lo opuesto es conformismo o mediocridad o vagancia. Eso hace que su presencia y su plan se restrinjan o dejen de fluir.

Un gran ejemplo bíblico de productividad, excelencia y trabajo es Salomón. Tenía autoridad y poder para gobernar sabiamente; el poder de juzgar o tomar decisiones sabiamente; y el poder de producir sabiamente o de traer ganancias a Israel sabiamente.

Dios lo llamó, lo escogió y lo ungió. Él le dio lo mejor a Dios, su actitud fue de excelencia.

> *Así, pues, he visto que no hay cosa mejor para el hombre que alegrarse en su trabajo, porque esta es su parte; porque ¿quién lo llevará para que vea lo que ha de ser después de él?*
> —Eclesiastés 3:22)

Trabajar es servir la necesidad de alguien. Tenemos que entender que Dios nos da oportunidades de servir y que servir es algo bueno que les da sentido y propósito a nuestras vidas. Servir es amar a Dios, y Dios nos dará oportunidades a todos de servir, de trabajar.

LA EXCELENCIA INCLUYE DILIGENCIA

Nuestro espíritu tiene que aprender el poder de la diligencia. La diligencia está relacionada con la pasión por Dios.

Actitud de excelencia

Los pensamientos del diligente ciertamente tienden a la abundancia; Mas todo el que se apresura alocadamente, de cierto va a la pobreza.
—Proverbios 21:5

La diligencia es parte de la naturaleza de excelencia que Dios bendice. Planifica tu sueño o tu trabajo, y trabaja el plan. Debes prepararte; aprenderte bien el plan, creer en él y actuar en el plan. No lo dejes a un lado y no esperes más tarde para llevarlo a cabo. Diligencia habla de ahora, de ejecutar inmediatamente. Actívate siempre y que cada día sea un día de productividad.

Busca a Dios, su consejo, y ora e intercede a Dios por el plan y por sus buenos resultados. Con Dios por delante, actívate a ejecutar. Pon en movimiento y actívate en aquella oportunidad que Dios te ha dado.

En toda labor hay fruto; Mas las vanas palabras de los labios empobrecen.
—Proverbios 14:23

La falta de diligencia describe las vanas palabras de los labios que empobrecen. La diligencia es labor que persiste y que es activada sin esperar. Dios es un Dios que se hace presente para darte sabiduría, inteligencia y visión. Tú respondes a su presencia y a las oportunidades que Él te da con diligencia.

> *¿Has visto hombre solícito en su trabajo? Delante de los reyes estará; No estará delante de los de baja condición.*
> —Proverbios 22:29

El poder de la diligencia es honor, reconocimiento, influencia, buena reputación, y unción para transformar ciudades, naciones y comunidades. Delante de los reyes, habla de credibilidad, de influencia y de dar consejos a los que están en autoridad.

> *Con sabiduría se edificará la casa, Y con prudencia se afirmará; Y con ciencia se llenarán las cámaras De todo bien preciado y agradable. El hombre sabio es fuerte, Y de pujante vigor el hombre docto. Porque con ingenio harás la guerra, Y en la multitud de consejeros está la victoria.*
> —Proverbios 24:3-6

Esta escritura es poderosa porque habla de lo que Dios quiere hacer contigo. ¡Que nuestra actitud se llene de excelencia y diligencia para servir, buscar cambios y conquistar metas!

Seamos un pueblo diligente y apasionado. La pasión es poder porque el poder de Dios responde a la pasión del hombre. Jesús era y sigue siendo diligente y apasionado. Él vino a buscar y a salvar al perdido, y lo sigue haciendo. Jesús viajó largas distancias, confrontó todo impedimento, dejó la eternidad, dejó su gloria, pagó un precio, pero conquistó y hay recompensa de vida eterna por no perderte, por darnos una nueva oportunidad. Nunca renunció. Su pasión y su diligencia fueron intensas y nunca dejaron de ser así. ¡Esa es una actitud de excelencia poderosa!

BALANCE

El orden es esencial y la excelencia siempre establece el orden de Dios. La falta de orden cancela la excelencia que Dios bendice. Tenemos que establecer balance en todas las áreas de nuestras vidas, estableciendo el orden de Dios.

¿Cómo ponemos a Dios primero? Leyendo Su palabra; con una vida de oración; congregándonos en la iglesia que Él tiene para nosotros; obedeciéndole, que es la clave del éxito; conectándonos a personas correctas y a sus autoridades; descansando.

¿Cómo atendemos la familia? El matrimonio necesita tiempo de calidad. Guardemos el día de reposo; el "Sabbath" es un día de descanso, de no trabajar, de compartir con la esposa y los hijos. Vayamos de vacaciones con la familia y solos como pareja. Mantengamos un horario justo; no le robes el tiempo que le corresponde a tu familia.

EQUIPO Y DELEGACIÓN

Dios es un Dios de equipo. Si tú tienes un llamado y estás casado, tú no lo puedes hacer solo. Tú necesitas a tu esposa o a la inversa. Ambos se necesitan, porque

Dios es un Dios de equipo. Dios le dio a Moisés una estructura de orden para apacentar al pueblo. Todos somos necesarios para que Dios apaciente a su pueblo.

Tenemos personas, ministros, pastores bajo cobertura pastoral que orientan, discipulan y ministran al pueblo que busca el consejo de Dios. Mientras exista orden y estén bajo cobertura pastoral, no hay problema. Esto se llama el Ministerio de Orientación y Ministración Bíblica.

> *Porque con ingenio harás la guerra, Y en la multitud de consejeros está la victoria.*
> —Proverbios 24:6

> *Más vale un puño lleno con descanso, que ambos puños llenos con trabajo y aflicción de espíritu. Yo me volví otra vez, y vi vanidad debajo del sol. Está un hombre solo y sin sucesor, que no tiene hijo ni hermano; pero nunca cesa de trabajar, ni sus ojos se sacian de sus riquezas, ni se pregunta: ¿Para quién trabajo yo, y defraudo mi alma del bien? También esto es vanidad, y duro trabajo. Mejores son dos que uno; porque tienen mejor paga de su trabajo. Porque si cayeren, el uno levantará a su compañero; pero ¡ay del solo! que cuando cayere, no habrá segundo que lo levante. También si dos durmieren juntos, se calentarán mutuamente; mas ¿cómo se calentará uno solo?*
> —Eclesiastés 4:6-11

Solos no podemos, necesitamos un equipo. El orden de Dios es Dios primero; la familia; y el trabajo y el ministerio. En el temor a Dios, establecemos su orden, porque cuando lo respetamos y honramos, también honramos su Palabra. No podemos desconectarnos de honrarlo a Él siempre.

Victoria habla de evitar el fracaso; alcanzar metas, poder para vencer en medio de la guerra. Es disfrutar en plenitud.

Capítulo 7

LA OBEDIENCIA BENDICE

Y por haber oído estos decretos y haberlos guardado y puesto por obra, Jehová tu Dios guardará contigo el pacto y la misericordia que juró a tus padres.
—Deuteronomio 7:12

La obediencia es una actitud que se aprende. La Palabra dice que Él nos da las fuerzas para hacer las riquezas a fin de cumplir el pacto, el mismo que les confirmó a tus antepasados mediante un juramento. Él hizo un pacto con un hombre llamado Abraham. La Biblia llama a Abraham el padre de la fe. Abraham operó en la gracia, antes de la cruz. No operó en la ley. Este hombre le creyó a Dios y la Biblia dice que su fe lo justificó. Somos justificados por la fe en el hijo de Dios.

Este es el pacto que hizo Dios con Abraham. Dios le dijo:

- Yo te voy a bendecir.
- Te daré tierras de las que fluyen leche y miel.
- Tus enemigos serán mis enemigos.
- El que te bendiga, yo lo bendigo.
- El que te maldiga, yo lo maldigo.
- Te daré todo tierra que pisen las plantas de tus pies.
- Voy a multiplicar tu semilla.
- Cuando tus hijos y los hijos de tus hijos siembren, yo voy a bendecir esa siembra y la multiplicaré al cien por uno.

Dios hizo un pacto con Abraham porque había un propósito, una visión. Abraham le respondió a Dios diciendo: Amén, lo creo. Eso fue suficiente para que el Señor sellara ese pacto. Todo tiene que ver con la redención del ser humano.

Así Abraham creyó a Dios, y le fue contado por justicia. Sabed, por tanto, que los que son de fe, éstos son hijos de Abraham. Y la Escritura, previendo que Dios había de justificar por la fe a los gentiles, dio de antemano la buena nueva a Abraham, diciendo: En ti serán benditas todas las naciones. De modo que los de la fe son bendecidos con el creyente Abraham.
—GÁLATAS 3:6-9

Así que los verdaderos hijos de Abraham son los que ponen su fe en Dios. Somos hijos de Dios por la fe en su hijo Jesucristo. Somos hijos de Abraham por la fe en Dios, y de ahí que Dios anunció que por medio de Abraham serían bendecidas todas las naciones. Todos los que ponen su fe en Cristo participan de la misma bendición que recibió Abraham por causa de su fe. Y mediante Cristo Jesús, Dios bendijo a los gentiles con la misma bendición que le prometió a Abraham, a fin de que los creyentes pudiéramos recibir, por medio de la fe, el Espíritu Santo prometido (ver Gálatas 3:14). Ya la bendición no sería solo para el pueblo hebreo, sino en Cristo Jesús para los gentiles también.

En el pacto que Dios hizo con Abraham podemos ver lo siguiente:

1. Tierra para formar una nación (Tierra)
2. Recursos para financiar una nación (bendición)
3. Su respaldo divino, su protección divina y su bendición, en cuanto se mantenga el pacto (perpetuidad).

Podemos leer en Génesis 26:12-14, cómo Dios siguió y sigue cumpliendo su pacto hasta el día de hoy, multiplicando a sus generaciones lo prometido. Es importante resaltar que Isaac recibió la continuidad del pacto que había hecho Abraham con Dios. Cuando Isaac sembró sus cultivos ese año, cosechó cien veces más granos de los que había plantado, porque el Señor lo bendijo.

Génesis 22:1-12 dice que Dios probó la fe de Abraham. Isaac vio el ejemplo de obediencia de su padre con Dios, cuando le pidió que lo usara como cordero de sacrificio. Ambos obedecieron confiando en Dios, uno en ofrecerlo como cordero del sacrificio y el otro confiando en su padre y en Dios. Con esta obediencia de Isaac en creerle a ambos, validó el pacto de Dios con su padre, Abraham.

La obediencia de Abraham fue una obediencia máxima y sobrenatural. Notemos que fue una prueba. Abraham necesitaba desarrollar confianza absoluta de Dios. El objetivo de las pruebas es que podamos ejercitar nuestra fe. Él obedeció, Dios lo rescató y lo afirmó. Abraham vivió el resto de su vida con un corazón cien por ciento convencido.

El objetivo de las pruebas es que podamos ejercitar nuestra fe.

Porque así dijo el Alto y Sublime, el que habita la eternidad, y cuyo nombre es el Santo: Yo habito en la

altura y la santidad, y con el quebrantado y humilde de espíritu, para hacer vivir el espíritu de los humildes, y para vivificar el corazón de los quebrantados.
—Isaías 57:15

La obediencia trae humildad y proporciona capacidad de perseverancia. La humildad es fruto de la obediencia y del temor de Dios. Es un balance; no creerte superior, ni tampoco inferior. Debes ser prudente y considerado para eliminar el orgullo o sentido de superioridad en tu vida.

La obediencia trae humildad y proporciona capacidad de perseverancia.

Veamos en La Biblia muchos ejemplos de desobediencia y obediencia a Dios, y sus consecuencias eternas. En 1 Samuel 15:22-23, refiriéndose al caso del Rey Saúl, dice que *"la obediencia es mejor que el sacrificio y la sumisión es mejor que ofrecer la grasa de carneros"*.

La desobediencia llevó al Rey Saúl al pecado y le costó el llamado de Dios en su vida. La obediencia a su Palabra, obediencia a lo que Él pone en tu corazón, es fruto de tu intimidad con Él.

La bendición de Dios siempre va en acuerdo con la obediencia del hombre. Es su voluntad bendecirte. Es tu obediencia el camino a recibir esa bendición. Otro ejemplo de obediencia y desobediencia es Salomón, a quien Dios le dio lo siguiente:

1. Excelencia en gobernar sabiamente (autoridad)
2. Excelencia en juzgar sabiamente (ajustes y administración)
3. Excelencia en producir riquezas (producir ganancias, empresas)

Pero un día, por la influencia de una mujer incorrecta, se desconectó de los mandamientos y de la voz de Dios. No hubo más obediencia... y todo se derrumbó. Veamos un poco de la historia:

Y cuando Salomón era ya viejo, sus mujeres inclinaron su corazón tras dioses ajenos, y su corazón no era perfecto con Jehová su Dios, como el corazón de su padre David. Porque Salomón siguió a Astoret, diosa de los sidonios, y a Milcom, ídolo abominable de los amonitas. E hizo Salomón lo malo ante los ojos de Jehová, y no siguió cumplidamente a Jehová como David su padre. Entonces edificó Salomón un lugar alto a Quemos, ídolo abominable de Moab, en el monte que está enfrente de Jerusalén, y a Moloc, ídolo abominable de los hijos de Amón. Así hizo para todas sus mujeres extranjeras, las cuales quemaban incienso y ofrecían sacrificios a sus dioses. Y se enojó Jehová contra Salomón, por cuanto su corazón se había apartado de Jehová Dios de Israel, que se le había aparecido dos veces, y le había mandado acerca de esto, que no siguiese a dioses ajenos; mas él no guardó lo que le mandó Jehová. Y dijo Jehová a Salomón: Por cuanto ha habido esto en ti, y no has guardado mi pacto y mis estatutos

que yo te mandé, romperé de ti el reino, y lo entregaré a tu siervo. Sin embargo, no lo haré en tus días, por amor a David tu padre; lo romperé de la mano de tu hijo. Pero no romperé todo el reino, sino que daré una tribu a tu hijo, por amor a David mi siervo, y por amor a Jerusalén, la cual yo he elegido.
—1 Reyes 11:4-13

Ten cuidado con las relaciones incorrectas; te pueden llevar a la desobediencia. Salomón fue seducido, y eso lo llevó a honrar a otros dioses.

La obediencia a su Palabra es la expresión de amor que Dios busca.

Capítulo 8

OBEDIENCIA: ANTESALA A LA MULTIPLICACIÓN

*Pero si miras atentamente en la ley perfecta
que te hace libre y la pones en práctica
y no olvidas lo que escuchaste, entonces
Dios te bendecirá por tu **obediencia.***
—Santiago 1:25 NTV

Dios ha diseñado un plan para cada uno de sus hijos en este mundo. Cada empresario ha sido dotado de talentos y habilidades para los negocios y es necesario ser diligentes con lo que se nos ha dado. Pero por sobre todas las cosas, es imprescindible ser obedientes. Tengamos en cuenta lo que se define como obediencia.

LA SEÑAL QUE DIOS BUSCA

Dios desea bendecirnos en todo lo que emprendemos. La obediencia desata las bendiciones que se encuentran en el libro de Deuteronomio, capítulo 28:

Acontecerá que, si oyeres atentamente la voz de Jehová tu Dios, para guardar y poner por obra todos sus mandamientos que yo te prescribo hoy, también Jehová tu Dios te exaltará sobre todas las naciones de la tierra.

Y vendrán sobre ti todas estas bendiciones, y te alcanzarán, si oyeres la voz de Jehová Tu Dios.

Bendito serás tú en la ciudad, y bendito tú en el campo.

Bendito el fruto de tu vientre, el fruto de tu tierra, el fruto de tus bestias, la cría de tus vacas y los rebaños de tus ovejas.

Benditas serán tu canasta y tu artesa de amasar.

Bendito serás en tu entrar, y bendito en tu salir.

Jehová derrotará a tus enemigos que se levantaren contra ti; por un camino saldrán contra ti, y por siete caminos huirán de delante de ti.

Jehová te enviará su bendición sobre tus graneros, y sobre todo aquello en que pusieres tu mano; y te bendecirá en la tierra que Jehová tu Dios te da.

Te confirmará Jehová por pueblo santo suyo, como te lo ha jurado, cuando guardares los mandamientos de Jehová tu Dios, y anduvieres en sus caminos. Y verán todos los pueblos de la tierra que el nombre de Jehová es invocado sobre ti, y te temerán.

Y te hará Jehová sobreabundar en bienes, en el fruto de tu vientre, en el fruto de tu bestia, y en el fruto de tu tierra, en el país que Jehová juró a tus padres que te había de dar.

Te abrirá Jehová su buen tesoro, el cielo, para enviar la lluvia a tu tierra en su tiempo, y para bendecir toda obra de tus manos. Y prestarás a muchas naciones, y tú no pedirás prestado.

Te pondrá Jehová por cabeza, y no por cola; y estarás encima solamente, y no estarás debajo, si obedecieres los mandamientos de Jehová tu Dios, que yo te ordeno hoy, para que los guardes y cumplas,

y si no te apartares de todas las palabras que yo te mando hoy, ni a diestra ni a siniestra, para ir tras dioses ajenos y servirles.

LA OBEDIENCIA ES SEÑAL DE QUE ESTAMOS BAJO PACTO.

Pero el amor del Señor es eterno y siempre está con los que le temen; su justicia está con los hijos de sus

hijos, con los que cumplen su pacto y se acuerdan de sus preceptos para ponerlos por obra.
—Salmos 107:17

LA OBEDIENCIA ES LA SEÑAL DE UNA VERDADERA RELACIÓN CON DIOS.

Y en esto sabemos que nosotros le conocemos, si guardamos sus mandamientos. El que dice: Yo le conozco, y no guarda sus mandamientos, el tal es mentiroso, y la verdad no está en él; pero el que guarda su palabra, en éste verdaderamente el amor de Dios se ha perfeccionado; por esto sabemos que estamos en él. El que dice que permanece en él, debe andar como él anduvo.
—1 de Juan 2:3-6

LA OBEDIENCIA ES TAMBIÉN LA SEÑAL DE QUE HAY ACEITE EN NUESTRAS LÁMPARAS.

La Biblia hace mención sobre el aceite, su propósito y su importancia. El aceite representa la santidad y la unción del Espíritu Santo. Es esa unción la que nos permite derribar obstáculos, conquistar territorios y ejercer influencia en otras personas a través de nuestras obras en la tierra.

Obediencia: antesala a la multiplicación

Cuando nosotros hacemos nuestra parte, Dios hace su parte. De esta manera opera la obediencia. Pon por obra todos sus mandamientos porque son principios que conducirán tus decisiones, tus actitudes, tus acciones bajo la influencia de los principios bíblicos. Practica escuchar constantemente la voz de Dios porque fuimos creados para escuchar la voz de Dios. Él te impulsa y su voz crece en tu corazón.

En el momento que invitamos a Dios en nuestra vida, esa parte de escuchar la voz cobra vida dentro de nosotros y se activa. Tenemos el derecho de entrar al lugar santísimo. Lo puedes escuchar por medio de la Biblia, el Espíritu Santo. El Señor se preocupa por la ciudad donde vives, pero eres parte de ese cambio, con el fruto de tu trabajo y tu prosperidad. Un siervo tiene que oír la voz de su Señor y obedecerla. La obediencia es la antesala a la multiplicación.

LA OBEDIENCIA A LAS AUTORIDADES TERRENALES

Como empresarios necesitamos ser cabales e íntegros en todo. En toda ciudad y en todo país existen regulaciones para los negocios y las empresas. Evadirlas es ir en contra de la ley. No respetar las leyes impuestas por las autoridades nos hacen caer en una falta grave. Con la excepción del caso de que esas leyes vayan en contra de las leyes y los principios de Dios, nosotros, como empresarios, debemos ajustarnos a las leyes y normas establecidas por las autoridades terrenales.

En el caso de la familia, la mujer, aunque sea empresaria, debe someterse a su esposo. También debemos honrar a nuestros mentores, ser humildes. David pasó de ser un pastor de ovejas, a una asignación de su padre y luego a la asignación de Dios, para luego más tarde convertirse en rey de la nación de Israel. Su obediencia fue recompensada por Dios en cada paso.

Dios usa autoridades humanas para lanzarte a la grandeza de Dios profética que tiene para ti.

EL LLAMADO A LOS EMPRESARIOS

Hay una unción del Espíritu de Dios sobre los empresarios latinoamericanos. Es una unción poderosa pionera. Tú harás lo que otras personas o familias nunca han hecho: harás cosas nuevas, conquistarás nuevos territorios. El poder de hacer todo esto demanda un corazón humilde, un corazón de separarte para Él, un corazón de honrarlo; serle fiel a tu pareja, no irte por el dinero. Es una unción exagerada que debes ver como un llamado, como una asignación divina; no como un trabajo.

En la Biblia vemos cómo el Señor, una y otra vez, llamaba a empresarios, y cómo a muchos de ellos les dio la habilidad de multiplicar. Abraham, el primer hombre que le creyó, el padre de la fe era un hombre de negocios cuyo ganado se multiplicaba. A Pedro, el primero que predicó bajo la unción del Espíritu Santo, lo utilizó para iniciar su iglesia y hacerla crecer, y era otro empresario. Al apóstol Pablo cuando llegó a Europa, la primera persona que lo atendió fue la primera mujer empresaria, Lidia, también la primera persona que aceptó a Cristo como su salvador.

¿Por qué? Porque es a través de los empresarios que el Señor puede mover al mundo y alcanzar más personas en la Gran Comisión. Son las personas prosperadas obedientes a Él que alcanzan altos niveles de influencia, quienes son recibidas ante naciones y gobiernos y logran ejecutar planes de su Reino en la tierra.

La unción empresarial es una unción poderosa para colocarte como influencia; para que el corazón de Dios se derrame ayudando, bendiciendo y prosperando. Lo que Dios va a poner en tus manos no se compara con nada. Lo que está en tus manos es para que Él lo use como Él quiera.

El propósito principal de la unción empresarial es cambiar naciones. Esta unción aplica en negocios, familias, ministerios y gobierno. Toda persona fue creada por Dios. Cada persona es un milagro y toda persona tiene un propósito divino y este propósito es multifacético. Hay áreas diferentes donde tú tienes una participación asignada por Dios. El verdadero propósito de Dios en tu vida es un conjunto de propósitos que juntos producirán algo divino. Hay personas que hasta que no cumplan con su mandato empresarial, no cumplirán el propósito con el que han sido creadas por Dios.

INFLUENCIA PODEROSA

Leíste antes que la Iglesia que no tiene influencia, no tiene poder. La influencia es el fundamento para que exista verdadero poder. La influencia tiene poder sobre personas, industrias, naciones y toda una generación. El nombre de Jesús es la influencia mayor, porque en el mundo espiritual todo cambia cuando Jesús es honrado. En el nombre de Jesús toda potestad cae, el mal es confundido y la agenda de satanás es paralizada.

Jesús es la influencia mayor en los cielos, y en la tierra. Esa influencia que Él nos dio se usa para avanzar, predicar y establecer dominio; para que el evangelio de Jesucristo avance, para que toda criatura pueda escuchar el mensaje de Dios que salva, restaura y prospera las vidas y familias. Se usa para establecer honestidad, éticas, culturas y estilos de vida que Dios quiere establecer en nosotros, que nos bendicen y nos protegen de las trampas de satanás. Hay una guerra entre el bien y el mal. Sus siervos son esenciales para que el mal pierda.

Por el placer se hace el banquete, y el vino alegra a los vivos; y el dinero sirve para todo.
—ECLESIASTÉS 10:19

Porque escudo es la ciencia, y escudo es el dinero; mas la sabiduría excede, en que da vida a sus poseedores.
—ECLESIASTÉS 7:12

El dinero le sirve al mal. El dinero le sirve al bien. Las riquezas sirven para avanzar en el Reino, eliminar la pobreza, añadir valor a la comunidad y preservar las futuras generaciones. El trabajo es esencial para que la ideas produzcan. Todos estamos llamados a producir, para nosotros y para otros.

En las cárceles, las estadísticas nos enseñan que el 90% de los presos vienen de hogares pobres y sin un papá presente.

****
El antídoto número uno para el crimen se llama un papá presente que provea.
****

En conclusión, el espíritu empresarial tiene propósitos divinos que influencian para transformar, proteger y multiplicar las riquezas para expansión del Reino, y proveer necesidades humanas y de la Iglesia.

Ustedes, empresarios, son la influencia que transforma las naciones.

Capítulo 9

EL ACUERDO DEL DIEZMO

Traed todos los diezmos al alfolí y haya alimento en mi casa; y probadme ahora en esto, dice Jehová de los ejércitos, si no os abriré las ventanas de los cielos, y derramaré sobre vosotros bendición hasta que sobreabunde.

—Malaquías 3:10

EL SECRETO DE LOS GRANDES EMPRESARIOS

La Palabra de Dios nos exhorta en este pasaje de Malaquías a ser fieles con el diez por ciento de nuestro ingreso. Dios no necesita que le demos, pero sí necesita que seamos obedientes porque eso forma parte de nuestra formación espiritual, del fortalecimiento de nuestra fe. Por esa razón nos promete derramar bendición sobre nosotros hasta que sobreabunde.

Nos deja claro, también, que es un acto de desobediencia el tomar la parte de lo que no nos pertenece.

> *Porque yo Jehová no cambio; por esto, hijos de Jacob, no habéis sido consumidos. Desde los días de vuestros padres os habéis apartado de mis leyes, y no las guardasteis. Volveos a mí, y yo me volveré a vosotros, ha dicho Jehová de los ejércitos. Mas dijisteis: ¿En qué hemos de volvernos? ¿Robará el hombre a Dios? Pues vosotros me habéis robado. Y dijisteis: ¿En qué te hemos robado? En vuestros diezmos y ofrendas. Malditos sois con maldición, porque vosotros, la nación toda, me habéis robado. Traed todos los diezmos al alfolí y haya alimento en mi casa; y probadme ahora en esto, dice Jehová de los ejércitos, si no os abriré las ventanas de los cielos, y derramaré sobre vosotros bendición hasta que sobreabunde. Reprenderé también por vosotros al devorador, y no os destruirá el fruto de la tierra, ni vuestra vid en el campo será estéril, dice Jehová de los ejércitos. Y todas las naciones os dirán bienaventurados; porque seréis tierra deseable, dice Jehová de los ejércitos*
> —MALAQUÍAS 3:6-12

El acuerdo del diezmo

Dar el diezmo es un acto que representa muchas cosas:

- El diezmo representa un corazón diligente que se preocupa de poner a Dios primero.
- Muestra un corazón que decide honrar a Dios en su Palabra y que abraza sus promesas.
- El diezmo representa que honramos a Dios primero y que le creemos en lo que Él prometió cuando diezmamos.
- Establece la pérdida de territorio del dios Mamón, o devorador, en tu vida.
- El diezmo es la señal de que estamos en pacto con Dios para que su poder y su favor estén con nosotros en nuestro trabajo o en nuestro negocio.
- Cuando dejas de diezmar, pierdes mucho, porque hay un favor de Dios en las finanzas que es condicional para el que diezma.
- No importa la cantidad, lo que importa es el porcentaje. Dios pide el diez por ciento de lo recibido.
- Es un pacto, un acuerdo en donde tú haces esto y Dios hace su parte.

La bendición de Dios siempre tiene que ver con su pacto. En todo pacto hay condiciones e instrucciones. El diezmo tiene que ver con el pacto de Dios. Los pactos que Dios hace con nosotros son para bendecirnos, para nuestro bien. Por eso el diezmo, como pacto, multiplica, protege y nos conecta con sus cielos abiertos.

Bienaventurado el varón que no anduvo en consejo de malos, ni estuvo en camino de pecadores, ni en silla de escarnecedores se ha sentado; sino que en la ley de Jehová está su delicia, y en su ley medita de día y de noche. Será como árbol plantado junto a corrientes de aguas, que da su fruto en su tiempo, y su hoja no cae; y todo lo que hace, prosperará.
—Salmo 1:1-3

El acto de diezmar es un acto de obediencia, y como todo acto de obediencia nos deja resultados de bendición. Como consecuencia de obedecer, Dios nos promete:

1. Abrir los cielos
2. Reprender al devorador
3. La reputación será que todo el mundo nos llamará benditos. Eso habla del favor de Dios que otros pueden ver.

EL SISTEMA DE DIOS PARA RECIBIR ES DIEZMO Y OFRENDA

El diezmo es esencial para quitarle el poder al espíritu de Babilonia, que representa el mundo corrupto, el sistema del hombre avaricioso y controlador, y también representa la injusticia. Hay tres enemigos que el mismo Satanás envía a los empresarios:

1. miedo
2. corrupción
3. avaricia

El diezmo es el principio espiritual que destruye la influencia del temor, de la corrupción y de la avaricia.

A la falta de dinero, vienen el estrés, el divorcio y la rebelión de las nuevas generaciones. ¿Por qué? Porque muchas parejas y familias no encuentran la solución a sus problemas financieros debido a que no han tomado la decisión de diezmar. En consecuencia, el devorador ataca sus finanzas porque su objetivo es destruir a la familia. Dios nos da este pacto: si diezmamos, Él protege nuestras finanzas de las garras del maligno que nos quiere destruir. Es una cuestión de fe y obediencia.

Dándole a Dios el diez por ciento de nuestras primicias, de lo primero que recibimos, encontramos su respaldo, su poder y es la forma en que la Biblia habla de la abundancia de Dios. Dice la Biblia específicamente que abrirá las ventanas de los cielos. El diez por ciento es una inversión que paga grandes dividendos. Es el acuerdo de Dios con nosotros donde la Biblia nos enseña cómo prosperar. Es un acuerdo, un pacto con grandes bendiciones.

A los ricos de este siglo manda que no sean altivos, ni pongan la esperanza en las riquezas, las cuales son

inciertas, sino en el Dios vivo, que nos da todas las cosas en abundancia para que las disfrutemos.
—1 Timoteo 6:17

En este pasaje del Nuevo Testamento, vemos cómo se reafirma la importancia de saber desprendernos de las riquezas, no poniendo nuestra confianza en ellas. Para un hombre rico, o para alguien que produce mucho, diezmar significa una gran cantidad de dinero. Pero si esta persona pone su confianza en Dios y obedece con el diez por ciento de sus primicias, está demostrando que su amor por Dios y su Palabra es superior a su amor por las riquezas. Por otro lado, para una persona que vive de mes a mes, separar en su presupuesto el diez por ciento es un acto de obediencia y fe, que también produce resultados maravillosos. Una persona que diezma antes de saber si le va a alcanzar el dinero es una persona que camina por fe y no por vista, una persona cuya fe en Dios va más allá de las circunstancias. A esa persona no le faltará nada, porque Dios es fiel en lo que promete.

Podemos leer también en Hageo 2:8-9 sobre la prosperidad que Dios nos da, como un regalo, y nos habla claro a quien pertenecen todas las riquezas:

"Mía es la plata y mío es el oro", declara el Señor de los ejércitos.

"Y en este lugar daré paz", declara el Señor de los ejércitos.

El acuerdo del diezmo

1. Todo le pertenece a nuestro Dios. Nada le pertenece al hombre. El hombre puede tenerlo hoy y no tenerlo mañana. El hombre es solo el administrador temporal.
2. Dios siempre lo tiene todo.
3. Dios es un Dios generoso. Su intención siempre ha sido plenitud. A Dios le interesa mucho tu bienestar. Tu futuro en Él es un buen futuro.

Es algo bueno recibir riquezas de parte de Dios y la buena salud para gozarlas. Disfrutar del trabajo y aceptar lo que depara la vida son verdaderos regalos de Dios.

Capítulo 10

EL CONSEJO DE DIOS

Bienaventurado el varón que no anduvo en consejo de malos, ni estuvo en camino de pecadores, ni en silla de escarnecedores se ha sentado; sino que en la ley de Jehová está su delicia, y en su ley medita de día y de noche. Será como árbol plantado junto a corrientes de aguas, que da su fruto en su tiempo, y su hoja no cae; y todo lo que hace, prosperará.

—Salmos 1:1-3

El pasaje inicia con la palabra "bienaventurado"; habla de bendición sobrenatural. Habla de cosas que el dinero no puede comprar, pero Dios te las da. Dios está contigo siempre, Él pelea junto a ti. Hace mucho más que satisfacerte; te da abundantemente. Dios continúa la enseñanza de aprender a escoger y escuchar a las personas correctas, incluso a separar de nosotros a las personas incorrectas. Debemos enseñar a nuestros hijos para que ellos también aprendan a separar las amistades correctas y a despedir con amor a las personas incorrectas.

La Biblia no es un libro antiguo, no es un libro hecho por el hombre. Es una escritura santa y poderosa. La Biblia es la Palabra de Dios, y Dios y su Palabra son uno. El Dios que creó el cielo y la tierra es uno con la Biblia. Es el corazón de Dios, es lo más íntimo de Dios. Negar La Biblia es negar a Dios. Bienaventurado el que se deleita y medita en la ley de Jehová. En la Biblia hay gozo, esperanza, nuevos comienzos para ti. Es un deleite conocer a Dios a través de la Escritura.

La Biblia habla de que serás como árbol plantado junto a corrientes de aguas porque ella te lleva a una vida mejor. El consejo de Dios te lleva a lugares buenos, donde están las corrientes de aguas. Toda sequía se va donde está el consejo de Dios. La Palabra de Dios dice que todo lo que hagamos meditando previamente en su Palabra prosperará y daremos fruto a su tiempo. Estarás siempre en corrientes de agua viva y no te secarás. Todo lo que hagas, Dios lo prosperará.

Esa es la importancia del consejo de Dios. El consejo de Dios está en la santa Escritura y nos da una orientación correcta para todo momento: para tener una gran empresa, para lidiar con tus hijos, levantar un ministerio, para tu matrimonio. En la Biblia está el consejo de Dios para hacerlo todo. La Biblia no es solo un consejo de letras, tiene vida. No es para leerse simplemente, sino para conversar con ella.

El poder de la Palabra ministra. Cuando ese poder se une con la unción del Espíritu Santo y hay un corazón abierto, puede suceder cualquier cosa. La Biblia, bajo la unción del poder del Espíritu Santo, transforma. Yo he sido transformado por el poder de Dios a través de la Santa Palabra de Dios. El poder, sin la Palabra, no es de Dios. Para que sea poder de Dios tiene que estar la Palabra de Dios. Todos necesitamos el consejo de Dios que contiene la Palabra; ignorarlo es una forma de rebelión y nos hace vulnerables.

Donde no hay dirección sabia, caerá el pueblo; mas en la multitud de consejeros hay seguridad.
—Proverbios 11:14

Necesitamos el consejo de Dios para no caer. Sin el consejo de Dios todos podemos caer. Sin el consejo de Dios se caen las empresas, gobiernos, las iglesias, todo cae. Donde no hay dirección sabia, cae el pueblo. Mas en la multitud de consejeros, hay seguridad. Dice la Palabra *"en la multitud de consejeros"*, no de gobernadores ni de especialistas humanos que quieran controlarte. Sino para aconsejarte con el consejo de Dios.

Los consejos deben ser a la luz de la Biblia, no la de los hombres. Él ha dicho que todo lo que yo haga prosperará y Dios usa personas para aconsejar y todo lo habla a través de su Iglesia. Él es el Dios que nos da dirección sabia y nos orienta a través de su Palabra.

Los pensamientos son frustrados donde no hay consejo; Mas en la multitud de consejeros se afirman.
—Proverbios 15:22

Dios levanta hombres y mujeres en equipo con el don, la pasión, la habilidad y la revelación bíblica para ministrar y orientar nuestras vidas con la Palabra de Dios.

José de Arimatea, miembro noble del concilio, que también esperaba el reino de Dios, vino y entró osadamente a Pilato, y pidió el cuerpo de Jesús.
—Marcos 15:43

José de Arimatea era un empresario, un hombre de negocios que tenía mucha influencia. La Biblia dice que era miembro noble del concilio. "Noble" se refiere a que era un consejero respetado; alguien que se ganaba el respeto de las personas, con un testimonio que reflejaba lo que aconsejaba. Era un hombre del Reino de Dios, con temor a Dios. Era ese alguien a quien tú puedes ir y encontrar dirección, encontrar inspiración. José era miembro de un concilio, de un equipo donde había sabiduría para aconsejar y ayudar con consejos sabios. Era un hombre de testimonio personal, que tenía el orden de Dios en su vida.

Dios es padre y como padre nos aconseja. Si tú tienes un padre en la vida, dale gracias a Dios, sea cristiano o no. Hay que honrarlo y bendecirlo, amarlo, y, sobre todo, escucharlo. Nuestro Dios es un padre. Es un padre que es Dios, y uno de sus nombres es el consejero. Es uno de los atributos personales de Él. Es un padre que instruye, guía y aconseja. Es un padre que quiere seguir haciéndolo, y lo hace a través de su Iglesia.

Me llama la atención cómo Dios le entregó el cuerpo de su hijo a José de Arimatea, pero primero se lo entregó a una mujer. Jesús estuvo sometido a la voluntad de Dios padre desde que nació hasta que murió. Después que resucitó siguió sometido a la voluntad de su padre, y Dios escogió a una mujer para que su hijo se encarnara. Dios entregó el cuerpo de su hijo a una mujer, que lo formó en su vientre, lo parió, amamantó, lo cuidó, lo amó, lo tocó hasta que se hizo hombre. Pero cuando Él murió, ese cuerpo estaba bajo la autoridad de Pilato y decidió entregarlo a José, que era un empresario noble, miembro del concilio. Todo lo sucedido fue profético. José, con su equipo, lo preparó, lo colocó en su tumba y ahí el cuerpo resucitó. El cuerpo es la Iglesia de Jesucristo.

También esto salió de Jehová de los ejércitos, para hacer maravilloso el consejo y engrandecer la sabiduría.
—Isaías 28:29

En la ministración y en la orientación bíblica es donde la sabiduría crecerá en tu vida. El ser humano, sin el consejo de Dios, se queda corto. Cuando Dios te aconseja te acerca a Él. A medida que tú abras tu corazón a ser enseñable, y busques la orientación, la ministración bíblica, mejor y mayor relación tendrás con tu Padre celestial. Él es el Dios que nos hace crecer a ti, a tus hijos y a tus nietos, porque su consejo aumenta la sabiduría. Su ministración te liberta de toda religión, de toda ignorancia. Su ministración bíblica rompe todas las cadenas. Él es el Dios que te hace crecer, Él es el Dios que te sana, te protege, forma tu carácter para bien, te confirma, te asegura y te transforma.

> *Cuando hubieron comido, Jesús dijo a Simón Pedro: Simón, hijo de Jonás, ¿me amas más que éstos? Le respondió: Sí, Señor; tú sabes que te amo. Él le dijo: Apacienta mis corderos. Volvió a decirle la segunda vez: Simón, hijo de Jonás, ¿me amas? Pedro le respondió: Sí, Señor; tú sabes que te amo. Le dijo: Pastorea mis ovejas. Le dijo la tercera vez: Simón, hijo de Jonás, ¿me amas? Pedro se entristeció de que le dijese la tercera vez: ¿Me amas? y le respondió: Señor, tú lo sabes todo; tú sabes que te amo. Jesús le dijo: Apacienta mis ovejas.*
> —Juan 21:15-17

Pedro lo negó tres veces por temor, por miedo. En la noche que el Señor fue arrestado, Pedro le cortó una oreja a un soldado. El Señor tomó la oreja, se la puso de nuevo al soldado y lo sanó. En esa misma noche, Pedro sacó valentía, para luego caer en cobardía y más tarde negar a Cristo. Todo en el mismo día.

Algunas veces somos como Pedro. Pedro se sintió mal, se avergonzó y abandonó todo. Se sintió indigno para servir al Señor y regresó a sus negocios. Él tenía barcos pesqueros y vendía los peces, era un comerciante. El Señor, después que resucitó, se le apareció a Pedro en la playa, por donde Él había ido a pescar y no había pescado nada. Pero en el momento que el Señor caminó por esa playa, Dios habló con Pedro, le aconsejó y le dijo: Ve otra vez. Le dio instrucciones de qué hacer para pescar.

Pedro siguió las instrucciones y pescó muchos peces. Pero después de eso se dio cuenta de que era Jesús quien le había hablado. Entonces abandonó todos esos peces, esa prosperidad que había alcanzado, se tiró al agua y salió corriendo hacia el Señor. Y el Señor le preparó una comida y comieron.

El Señor es el Dios que restaura; no hay nada en tu pasado que Él no pueda sanar. No hay error humano que Dios no perdone y de cuyos efectos no restaure. No existe nada que Dios no pueda restaurar. Nosotros tenemos que ser como Él: no juzgar, no condenar, no señalar. Tenemos que ser restauradores, caminar en gracia, en misericordia, ser esa Iglesia que ofrece nuevas oportunidades. Dios en cuerpo glorificado dejó sus grandezas y se puso a la altura de Pedro.

Con tal de restaurar a alguien, Dios hace lo que sea y usa a quien sea, en la forma que Él quiera. A la hora de restaurar, la soberanía de Dios se manifiesta. No cabe juicio, entendimiento ni razonamiento humano para poder entender a Dios cuando Él está restaurando. Dios en cuerpo glorificado se puso a cocinar y le sirvió a Pedro.

Cuando le dijo a Pedro "apacienta mis ovejas", le indicó su llamado. Cuando habló de "apacienta mis ovejas", habló de guiar, aconsejar, pastorear a sus ovejas, instruirlas, orientarlas y ministrarlas. Quiso decirle: Trae mi consejo a mi pueblo, alimento, consejo que los hace crecer, oriéntalos de quién soy yo y en lo que son ellos. Oriéntalos, minístralos en lo que quiero para ellos. Pedro se convierte en la oficina ministerial pastoral.

Tenemos personas, ministros, pastores bajo cobertura pastoral que orientan, discipulan y ministran al pueblo que busca el consejo de Dios. Mientras exista orden y estén bajo cobertura pastoral, no hay problema. Esto se llama el Ministerio de Orientación y Ministración Bíblica.

Porque con ingenio harás la guerra, Y en la multitud de consejeros está la victoria.
—Proverbios 24:6

Capítulo 11

LAS COSAS QUE DETIENEN EL ÉXITO EN LOS NEGOCIOS

*Pon todo lo que hagas en manos del Señor,
y tus planes tendrán éxito.*
—Proverbios 16:3 NTV

Cuando un negocio no prospera en la medida en que debe hacerlo, siempre existen razones. El líder empresario debe estar atento al por qué el negocio no prospera.

Hay muchas razones que pueden producir el estancamiento en los negocios. Pero por encima de todas las razones de orden estratégico, problemas administrativos o mercadeo incorrecto, la bendición de Dios puede hacernos prosperar de forma sobrenatural y abrirnos los ojos para corregir los errores y prolongar nuestra prosperidad. Necesitamos la bendición de Dios que viene con una creatividad superior.

Cuando un negocio está bajo pacto con Dios, las cosas funcionan de una forma muy diferente. Cuando hemos nacido de nuevo, habiendo reconocido a Jesucristo como nuestro Salvador, tenemos una gran ventaja: ¡Somos hijos de Dios!

La Biblia dice cosas maravillosas de nosotros:

¿No sabéis que sois templo de Dios, y que el Espíritu de Dios mora en vosotros?
—1 DE CORINTIOS 3:16

Somos templo del Espíritu de Dios, tenemos acceso a la presencia de Dios, a la revelación de su Palabra: la Palabra que corta, no la Palabra que entretiene. Me refiero a que la palabra de estilo "motivador" que no revela las verdades del Evangelio completo no cumple su función porque lleva la intención del hombre, no es el evangelio puro.

La palabra que entretiene no sirve para nada, porque el cielo no es parte del espectáculo. El cielo tiene que ver con arrancar, plantar, transformar, liberar, salvar, sanar y restaurar.

TENEMOS ACCESO A LA VOZ DE DIOS

Cuando vemos la inteligencia, la creatividad y el poder que hay en la creación, esto le da fuerza a nuestra fe. Necesitamos escuchar la voz de Dios a través de las Sagradas Escrituras, a través de nuestros tiempos de oración, para poder desarrollar nuestra fe.

Así que la fe es por el oír, y el oír, por la palabra de Dios.
—Romanos 10:17

Este pasaje de Romanos dice que nuestra fe viene por el oír, el oír la voz de Dios. Pero a su vez, el oír esa voz viene por la lectura de la Palabra de Dios y la revelación que se encuentra en ella. Cuando conocemos a Dios de una forma personal, nos damos cuenta de que no existe nada imposible para Él. Te exhorto a que creas con todo tu corazón que no hay nada imposible que Dios no pueda hacer en tu negocio. Puedes creer que, de la mano de Dios, tu negocio se va a multiplicar y que vas a prosperar. No le pongas limitaciones a Dios con lo que quiere hacer con tu negocio. La idea es que veas tu negocio como una asignación divina, para que seas de influencia en tu comunidad y puedas cambiar la cultura a tu alrededor para honrar a Dios y a su Palabra. Tienes que darte cuenta de que la mente y la habilidad de Dios es mucho más que la que el hombre puede poseer.

Para que Dios derrame su favor y su multiplicación hay que hacer las cosas de forma correcta. **Tu negocio es tu asignación.** Todo lo que sucede en el negocio, sucede porque el líder hace que suceda.

Si el líder no lo provoca, no sucede.

Si el líder no lo implementa, no aparece de la nada.

Si el líder no lo corrige, seguirá mal.

Dios pone en tu mente y en tu corazón las estrategias adecuadas, y tú las pones en el negocio.

EL PRODUCTO, EL SERVICIO Y LA FORMA DE OPERAR UNA EMPRESA

El otro día fui con mi hijo a un restaurante que vende un buen producto y tiene una buena ubicación. Fuimos por la calidad de la comida. Allí tenemos un buen punto. Luego, es fácil llegar al lugar. Dos puntos a favor. En ese establecimiento, para que te sirvan, tienes que pedir primero en el mostrador y luego te lo llevan a la mesa. Pero sucedió que había una fila de ocho personas y adentro siete empleados, y, sin embargo, no avanzaba la fila. No había razón para esto, ya que había siete empleados. Al observar todo, me di cuenta de que había mesas sucias, no había servilletas y ningún gerente a quien hablarle. Ninguno de los empleados estaba haciendo lo más importante que tenía que hacer, por falta de un liderazgo, de un gerente que llevara el control de todo. Por lo tanto, nos fuimos, y llegué a la conclusión de que no había en aquel lugar una persona a cargo que activara la visión de excelencia y mantenimiento de este restaurante.

Yo, como dueño de un establecimiento comercial, inmediatamente me enfoco en esos detalles, arreglo el problema, intencionalmente activo la excelencia en el negocio y transmito esa cultura a todo el equipo. Quizás el dueño no estaba, quizás el gerente no estaba cumpliendo su función. Perdieron dos clientes y posiblemente más en el transcurso del día.

El negocio es un lugar para producir dinero. Esto garantiza el crecimiento de este y, por ende, su éxito. Si tu negocio no produce dinero, debes considerar la forma en que lo estás conduciendo.

OTRAS RAZONES QUE DETIENEN LA PROSPERIDAD

Tú, como líder, debes establecer el lugar de excelencia y corregir lo que debes corregir. Sn embargo, existen factores externos que pueden producir un estancamiento y pérdida de dinero. Algunos de ellos pudieran ser:

- El producto no tiene demanda.
- La competencia nos está quitando ventas.
- La industria está cambiando y debemos ir al paso de esos cambios e innovar.

Debemos estudiar la demanda de nuestro producto, la competencia y su efecto. Por otro lado, los mercados pueden ser cambiantes. En los últimos tiempos hemos experimentado cambios monumentales, inesperados y difíciles de asumir. Sin embargo, debemos adaptarnos.

Hasta aquí hemos hablado del punto de vista natural de cómo llevar el negocio. Pero existe la parte espiritual, que es la más importante.

LA CONNOTACIÓN ESPIRITUAL QUE TENEMOS QUE CUIDAR

Empezaré con esta historia, que ejemplifica claramente lo que puede suceder.

Dave Hodgson tiene una parábola muy buena que habla sobre un camello y un hombre. Debemos tomar en cuenta que el camello fue creado para vivir en el desierto y el hombre no. Esta historia se llama *La nariz del camello*:

Un hombre va con su camello por el desierto.

De repente viene una fuerte tormenta de arena.

El hombre hace una tienda de campaña y se esconde adentro para evitar la tormenta. El camello asoma la nariz y le dice: "Déjame entrar mi nariz a tu tienda para que no respire la arena". El hombre le dice que está bien y se duerme.

En un rato se despierta y ve el camello con la cabeza entera adentro de la tienda. El camello le dice entonces: "Déjame meter la cabeza para que la arena no entre en mis oídos". El hombre acepta y se duerme. En un rato, el camello entero entró en la tienda. La tienda colapsó y el hombre se murió, pero el camello sobrevivió porque los camellos pueden estar en medio de tormentas de arena.

La moraleja es: "Cuidado con la nariz del camello, porque eventualmente te tumbará la tienda".

En la Biblia esto les pasó a varias personas:

David era un hombre que tenía el respaldo completo de Dios. La empresa de David era una nación completa. Pero un día, al ver una mujer desnuda y mandarla a buscar, cometió un gran error. Les dio cabida a pensamientos de tentación, utilizó su poder y su lujuria destruyó su reinado.

Podemos decir que la mujer ejemplifica la nariz del camello. El cuello del camello fue cuando la mandó a buscar, y cuando se le cayó la tienda, fue cuando su lujuria lo destruyó.

Salomón ... la misma lujuria que heredó de su papá le destruyó el reinado. Al hombre más sabio se la cayó la tienda también.

Otro caso diferente fue Josué. Era el líder del pueblo y se conectó con Dios para encontrar la respuesta, de por qué ellos estaban perdiendo la guerra contra los amorreos. Dios se comunicó con el líder y le dijo lo que pasaba, para que lo corrigiera.

No se comunicó con los empleados, solamente con el líder, quien es el que tiene el poder de cambiar, guiar y obedecer lo que Dios les revela y ordena. En ese momento el negocio era tomar el poder de todos los territorios y los reyes del alrededor, pendientes para atacar en la debilidad que miraban. Así fue la revelación de Dios hacia Josué para que corrigiera lo que estaba mal, actuara y tuviera la victoria.

Entonces Josué rompió sus vestidos, y se postró en tierra sobre su rostro delante del arca de Jehová hasta caer la tarde, él y los ancianos de Israel; y echaron polvo sobre sus cabezas. Y Josué dijo: ¡Ah, Señor Jehová! ¿Por qué hiciste pasar a este pueblo el Jordán, para entregarnos en las manos de los amorreos, para que nos destruyan? ¡Ojalá nos hubiéramos quedado al otro lado del Jordán! ¡Ay, Señor! ¿qué diré, ya que Israel ha vuelto la espalda delante de sus enemigos? Porque los cananeos y todos los moradores de la tierra oirán, y nos rodearán, y borrarán nuestro nombre de sobre la tierra; y entonces, ¿qué harás tú a tu grande nombre? Y Jehová dijo a Josué: Levántate; ¿por qué te postras así sobre tu rostro? Israel ha pecado, y aun han quebrantado mi pacto que yo les mandé; y también han tomado del anatema, y hasta han hurtado, han mentido, y aun lo han guardado entre sus enseres. Por esto los hijos de Israel no podrán hacer frente a sus enemigos, sino que delante de sus enemigos volverán la espalda, por cuanto han venido a ser anatema; ni estaré más con vosotros, si no destruyereis el anatema de en medio de vosotros.

—Josué 7:6-12

Dios le dijo que su pueblo había pecado. Habían hecho un pacto de que no tomarían nada. Y no fueron todos, fue una sola familia; pero esa acción dañó a todos.

Aquí es donde la mayoría de los empresarios cristianos no pasan la prueba. Esto no tiene que ver con la gracia de Dios, sino más bien con la justicia de Dios. La gracia es para salvarte y para transformarte. Los diez mandamientos siguen siendo antes y después de la cruz. Dios les mandó destruir el anatema, que ofendía a Dios por romper el pacto. Dios le llamó anatema. Dios le dijo que no tomaran nada del campamento del enemigo. Nada de esto les importó. Esas eran riquezas injustas, que Dios no las quería en su pueblo. Pero Acam no hizo caso; Acam significa: "el que acumula".

Josué, pues, levantándose de mañana, hizo acercar a Israel por sus tribus; y fue tomada la tribu de Judá. Y haciendo acercar a la tribu de Judá, fue tomada la familia de los de Zera; y haciendo luego acercar a la familia de los de Zera por los varones, fue tomado Zabdi. Hizo acercar su casa por los varones, y fue tomado Acán hijo de Carmi, hijo de Zabdi, hijo de Zera, de la tribu de Judá. Entonces Josué dijo a Acán: Hijo mío, da gloria a Jehová el Dios de Israel, y dale alabanza, y declárame ahora lo que has hecho; no me lo encubras. Y Acán respondió a Josué diciendo: Verdaderamente yo he pecado contra Jehová el Dios de Israel, y así y así he hecho. Pues vi entre los despojos un manto babilónico muy bueno, y doscientos siclos de plata, y un lingote de oro de peso de cincuenta siclos, lo cual codicié y tomé; y he aquí que está escondido bajo tierra en medio de mi tienda, y el dinero debajo de ello.

—JOSUÉ 7:16-21

La codicia es el comienzo del dominio del dios Mamón, ya que Acam tomó...

- Un manto babilónico
- 200 siclos de plata
- 1 lingote de oro

Acam antes lo había codiciado: El anatema fue la codicia, la desobediencia y el poner su seguridad y confianza en lo que podía acumular, y no en Dios. El anatema fue que Acam no obedeció la autoridad de Josué; es que tenía algo escondido en el campamento. Y Dios no lo quería.

Tu confianza debe estar en la provisión que Dios te dará. Nuestra confianza no debe estar en las ganancias. Cuando vengan las ganancias, no lo veas como ganancias, sino como provisión de Dios. En el momento que pones tu confianza en lo que tú ganaste, se convierte en anatema y Dios se ofende. Lo importante es la provisión, no es la cantidad. Las ganancias no deben determinar tu futuro. Tu futuro debe estar en el que provee todo lo que necesitas. El corazón de Acam se llenó de idolatría. Eso le llevó a tener algo escondido en su campamento, algo que Dios no quería. Como consecuencia de esta acción, Dios detuvo su favor sobre todo el pueblo, volvieron al desierto y perdieron su reputación hasta que Josué los sacó y sacó el anatema.

CUIDADO CON LAS TRAMPAS

Si vas a involucrar a Dios en tu negocio, necesitas honrarlo, obedecerle y llevar a la práctica sus instrucciones. Debes actuar según los estatutos que Él nos ha dado en Su Palabra.

No involucres a Dios como un amuleto para que te dé ganancias, eso es anatema. A Dios no se le puede engañar. Debes involucrarlo, primero porque es tu asignación de parte de Él, luego porque es tu proveedor, y lo vas a representar dignamente.

Cuidado con esa trampa. No busques a Dios como amuleto para prosperidad. Revisa las intenciones de tu corazón. La prosperidad y el éxito van a venir con su respaldo, cuando hacemos lo correcto, cuando tenemos un corazón auténtico y hacemos las cosas bien. Hay una parte que es nuestro trabajo, debe ser hecho con inteligencia, dedicación y justicia. La importancia de la oración y de estar expuesto a la Palabra de Dios está en que Dios te muestre por dónde llevar tu negocio y qué está mal, qué se debe corregir.

COSAS QUE SIEMPRE DEBES TENER PRESENTE Y NUNCA ABANDONAR COMO EMPRESARIO:

- La oración
- La Palabra que corta como espada de dos filos y te hace libre
- Busca a Dios hasta que te muestre cuál es la razón de que el negocio no esté prosperando.
- Cuidado con lo que permites o no en tu negocio. De ti depende que tengas la bendición de Dios. Dios es un Dios de orden. Recuerda que tú eres el negocio.
- No dejes de ser generoso con aquellos que estén en necesidad. Dios te provee para que bendigas a los demás.
- Los empresarios debemos ser hombres y mujeres de oración y consultárselo todo a Dios. Necesitamos ser personas de constante búsqueda de Dios, de su guía y de su sabiduría.

¡CUIDADO CON LA NARIZ DEL CAMELLO!

Estos son algunos ejemplos de conductas que se convierten en anatemas, que no agradan a Dios y que te llevan a que tu negocio no prospere.

- Arrogancia
- Orgullo
- Ira
- Falta de perdón
- Abuso de poder
- Personas tóxicas que están en el negocio o cerca de ti ejerciendo influencia
- Dios no quiere que seas un "workaholic" como se le dice en inglés a las personas adictas al trabajo. Para Él es importante que le des prioridad a tu familia.
- Pornografía
- Robo, trampa o mentira

En la parte natural tú eres el negocio. La excelencia debe ser tu prioridad.

En la parte espiritual, debes saber que Dios te ama. Él es un Dios de Justicia, que espera que seas expuesto a la Palabra de Dios que corta como espada de dos filos y te hace libre.

Siempre pon tus ojos en el proveedor y no en la provisión.

Capítulo 12

SEAMOS DE INFLUENCIA

Que hagan bien, que sean ricos en buenas obras, dadivosos, generosos; atesorando para sí buen fundamento para lo por venir, que echen mano de la vida eterna.
—1 Timoteo 6:18-19

Diles que usen su dinero para hacer el bien. Deberían ser ricos en buenas acciones, generosos con los que pasan necesidad y estar siempre dispuestos a compartir con otros.
—1 Timoteo 6:18 NTV

La influencia, el poder y el favor de las riquezas hechas por el poder de Dios no son para esconderlas, no son para comprometerlas; son para usarlas. Con el poder que dan las riquezas debemos ejercer influencia a nuestro alrededor de tal manera que podamos construir una plataforma donde fluya la bendición integral de Dios en la sociedad.

Dios las usa para establecer su voluntad y su testimonio. Hacer el bien habla de ejercer influencia de tal manera que otros reciban beneficios. Cuando menciona *"buenas acciones"*, habla de ser activos para hacer el bien. Cuando dice que seamos *"generosos"*, habla de dar. La palabra *"dispuestos"* habla de estar atentos, de preocuparnos.

LAS RIQUEZAS DADAS POR DIOS SIRVEN PARA:

- Ayudar al prójimo
- Vestir al desnudo
- Financiar misiones
- Dar fuerza económica a su iglesia
- Comprar territorios
- Transformar naciones
- Dejar herencia a nuestros hijos

Una de las causas de pobreza es que la generación anterior no dejó herencia y estamos llamados a dejar herencia a nuestros hijos. Jehová Jireh se manifiesta por medio de sus hijos. Somos nosotros los llamados a financiar la Visión de Dios. Dios está llamando a hombres y mujeres en esta generación, a quien Él pueda confiarle sus riquezas.

Abraham fluyó en el poder de hacer riquezas. Isaac fue en busca del poder de hacer riquezas. A José, Dios le entregó soberanamente la administración de las riquezas de Egipto, y gracias a su influencia salvó a sus hermanos y a su padre de morir de hambre.

El Rey David, el Rey Salomón fluyeron poderosamente en el poder de Dios de hacer riquezas. Edificaron una nación segura y poderosa mientras honraron a Dios. Hoy en día, vemos la nación de Israel fluyendo grandemente en el poder de Dios para hacer riquezas. Gracias a su economía tan poderosa, pueden sobrevivir.

Ese poder es para la iglesia de Jesucristo también. Fue en el fluir que su cuerpo fue sepultado y fue en ese fluir que su cuerpo resucitó. Recordemos siempre que Jesús resucitó como Rey y Señor del Universo.

HOMBRES Y MUJERES DE INFLUENCIA EN LA HISTORIA

José de Arimatea

Cuando llegó la noche, vino un hombre rico de Arimatea, llamado José, que también había sido discípulo de Jesús. Este fue a Pilato y pidió el cuerpo de Jesús. Entonces Pilato mandó que se le diese el cuerpo. Y tomando José el cuerpo, lo envolvió en una sábana limpia, y lo puso en su sepulcro nuevo, que había labrado

en la peña; y después de hacer rodar una gran piedra a la entrada del sepulcro, se fue.
—Mateo 27:57-60

José de Arimatea fue discípulo de Jesús y fluía en el poder de Dios para hacer riquezas. Su influencia fue muy poderosa, más fuerte que la del sumo sacerdote. Tenía credibilidad y acceso a la máxima autoridad del gobierno romano, Pilatos. Pidió el cuerpo de Jesús después de crucificado y le dieron el cuerpo.

Dios Padre puso en sus manos el cuerpo muerto de su hijo. En ese momento, en ese tiempo específico, no existía nada más valioso para Dios que el cuerpo muerto de Jesús, y Dios Padre confió en José de Arimatea. José lo preparó y lo colocó en una tumba privada que le pertenecía. Ahí Dios Padre resucitó el cuerpo de su hijo Jesucristo.

La influencia de José de Arimatea no solo era ante el hombre, sino también ante Dios. José buscó al sacerdote Nicodemo para que lo ayudara a preparar el cuerpo para la sepultura y futura resurrección. Junto a las mujeres que servían a Jesús, prepararon el cuerpo.

Esta es una imagen profética de lo que Dios quiere hacer con los empresarios cristianos. El cuerpo es la Iglesia.

La influencia de los empresarios unidos con los sacerdotes y el llamado que Dios hace a la mujer cristiana a servir; traerá un avivamiento poderoso en las naciones.

Timoteo

Que hagan bien, que sean ricos en buenas obras, dadivosos, generosos; atesorando para sí buen fundamento para lo por venir, que echen mano de la vida eterna.
—1 Timoteo 6:18-19

Timoteo fue una influencia poderosa en el gobierno. Dios pondrá a sus discípulos a fluir en el poder de hacer riquezas frente a gobernadores, presidentes y reyes, para que la voluntad de Dios se cumpla en la tierra. Por eso Pablo le dice a Timoteo: A los ricos que lleguen a tu iglesia enséñales que usen su dinero para hacer el bien. El bien es la voluntad de Dios en la tierra.

Lidia de Tiatira

Y un día de reposo salimos fuera de la puerta, junto al río, donde solía hacerse la oración; y sentándonos, hablamos a las mujeres que se habían reunido. Entonces una mujer llamada Lidia, vendedora de púrpura, de la ciudad de Tiatira, que adoraba a Dios, estaba oyendo; y el Señor abrió el corazón de ella para que estuviese atenta a lo que Pablo decía. Y cuando fue bautizada, y su familia, nos rogó diciendo: Si habéis juzgado que yo sea fiel al Señor, entrad en mi casa, y posad. Y nos obligó a quedarnos.
—Hechos 16:13-15

Lidia de Tiatira fue una mujer empresaria. Fue comerciante de tela púrpura y solo las personas ricas podían comprarle a ella su producto. Era dueña de una casa. Se convirtió en una discípula del Apóstol Pablo. Es considerada la primera persona en Europa que nació de nuevo, que se convirtió en cristiana. Con su poder adquisitivo financió el ministerio de Pablo y le sirvió con sus bienes y sus propiedades. Por su influencia, muchos vinieron a escuchar a Pablo predicar y muchos fueron salvos.

La primera iglesia en Europa, en Filipo, fue fundada por el Apóstol Pablo. La primera en bautizarse en esa iglesia fue Lidia. Lidia se comprometió con Pablo y lo asistió, fue líder de la iglesia y esa iglesia comenzó en su casa (ver Hechos 16:40).

Podemos decir que el poder de hacer riquezas es un favor no merecido. Es su Espíritu Santo dentro de ti, activo para provocar prosperidad, inspirándote y haciéndote soñar, dándote habilidades creativas, habilidades para ajustarse a cambios y usarlos para prosperar.

¿Cómo podemos ser influencia en este tiempo que nos ha tocado?

Cuando el mundo vea que estamos unidos ayudando y bendiciendo a la comunidad, nos admiran y así se evangeliza. Cuando el mundo espiritual vea que nuestra influencia es poderosa en los tronos nos respetarán y tendrán que retroceder.

Cuando usamos la influencia que Dios nos da para establecer su voluntad, la nación prospera, las nuevas generaciones crecen en paz y seguridad, y los valores de Dios son honrados.

EPÍLOGO

¿Cuál es el secreto de los empresarios influyentes, esos que son recibidos donde ellos quieren ser recibidos… aquellos cuyas opiniones se tienen en cuenta y se incluyen en las decisiones más importantes de la sociedad?

El tiempo es hoy, estamos en la gracia. El secreto es una preparación dual e intencional: principios de negocios que han dado resultado por siglos, sobre el poderoso fundamento de los principios de Dios. Su favor, su multiplicación y nuestra obediencia forman empresarios influyentes que incluso se hacen necesitar por aquellos en quienes queremos influir.

Para conocer los secretos en detalle y cómo convertirlos en acción efectiva, tenemos que leer todo el libro. Aquí resumo lo ineludible.

1. Pongamos a Dios primero. No hagamos nada sin preguntarle.
2. Aprendamos el poder de la obediencia…aunque no entendamos.
3. Practiquemos la actitud y el principio de la excelencia en todo.

4. Hagamos del diezmo parte esencial de nuestro estilo de vida. Es un acuerdo o un pacto que trae grandes beneficios, y la mejor inversión que podemos hacer.
5. Seamos influencia con determinación bajo Su voluntad.

Responder al llamado de Dios de ser empresarios para Él y para sus planes y propósitos exige ser conscientes de que, además de dinero y de negocios prósperos, necesitamos poder y recursos espirituales porque nuestra asignación representa un alto nivel de guerra espiritual. El mover que les he profetizado y que me produjo la necesidad de escribir este libro ya empezó sigilosamente en los Estados Unidos, Australia y Latinoamérica. Mencioné anteriormente que los empresarios latinoamericanos y las mujeres tienen un llamado específico de parte de Dios y una unción poderosa en este mover.

Habrá un futuro mejor y grandes oportunidades, pero debemos vencer la persecución. Si dejamos de luchar, se termina la Iglesia y el poder que nos corresponde reclamar. Nos corresponde a los empresarios vencer a la manera de los líderes en todas las esferas. ¿Qué hacemos quienes nos sentimos llamados a esta encomienda?

Los líderes del mundo prestan atención a los empresarios. Los atienden. Sus consejos tienen peso porque tienen influencia y poder. La estrategia es:

- Crear y desarrollar buenas relaciones con las autoridades de los gobiernos, las empresas, la

educación y otras organizaciones que puedan propiciar los cambios de la agenda de Dios.
- Hay que recordar que la autoridad correcta es la que da, no la que recibe. El propósito final de ejercer influencia es establecer la prioridad de la Palabra, que es lo que abre puertas.
- Cumplir el plan de Dios a favor del futuro de la próxima generación, de quienes somos padres espirituales. Esta generación tiene arreglo si hacemos nuestro trabajo sin miedo.
- Inspirar a quienes sueñan con tener empresas, no por amor al dinero mismo, sino por lo que desde una posición influyente un empresario puede alcanzar para el reino de Dios.

Es mi visión que cada empresario de Dios alcance tal nivel de influencia, que tenga acceso a las más prominentes figuras de poder en los gobiernos y las naciones, y sea escuchado, tenido en cuenta y considerado dentro de la toma de decisiones que puedan producir los cambios que Dios desea para sus hijos y el mundo entero. Lo he visto, lo creo, y educo y seguiré educando a cada empresario bajo mi cobertura y fuera de ella a tener la influencia que nos lleve a hacer realidad los planes de Dios y el propósito supremo de la Gran Comisión.

Debemos mostrar al mundo un comportamiento de obediencia, debemos ser ejemplos de éxito en lo que emprendemos, habiendo sido guiados por la mano de Dios. Esa es la forma en que podemos impactar al mundo. ¡Tenemos una gran misión!

Ustedes son la sal de la tierra. Pero ¿para qué sirve la sal si ha perdido su sabor? ¿Pueden lograr que vuelva a ser salada? La descartarán y la pisotearán como algo que no tiene ningún valor. Ustedes son la luz del mundo, como una ciudad en lo alto de una colina que no puede esconderse. Nadie enciende una lámpara y luego la pone debajo de una canasta. En cambio, la coloca en un lugar alto donde ilumina a todos los que están en la casa. De la misma manera, dejen que sus buenas acciones brillen a la vista de todos, para todos alaben a su Padre Celestial.

—Mateo 5:13-16 NTV

ACERCA DEL AUTOR

El Pastor Frank López nació en la Habana, Cuba. Llegó a los Estados Unidos cuando tenía un año. Es ingeniero electricista y administrador de empresas, egresado de la Universidad de Miami. Por muchos años se destacó por ser un hombre de negocios exitoso, con experiencia gerencial y administrativa. A los 33 años le entregó su vida al Señor, y desde entonces, mostró un profundo interés por colocar sus conocimientos al servicio de la comunidad cristiana, fundando entidades como "Amanecer Christian Network", emisora de radio que transmitió por muchos años desde la ciudad de Miami, y el sello musical "Rejoice Music".

Es el fundador y pastor general de la Iglesia Doral Jesus Worship Center en Miami, una de las congregaciones de más rápido crecimiento e influencia en el sur de la Florida. Sus enseñanzas están causando un gran impacto tanto a nivel local, como en Latinoamérica. Su mensaje se ha caracterizado por la restauración del liderazgo, de la familia y del pueblo de Dios en general.

Conduce el programa de televisión "Un tiempo de esperanza", transmitido en varios canales en Miami y por Enlace Internacional, así como la versión de radio de este programa a través de una estación de Univisión radio. Es autor de dos libros: *El Dios que restaura* y *Bienaventurados los discípulos*, publicados por Casa Creación.

El Pastor Frank tiene un ferviente deseo de seguir trabajando arduamente para que cada creyente sea restaurado y logre alcanzar el propósito que Dios tiene preparado para cada persona.

Reside en el sur de la Florida con su esposa, Zayda, y sus hijos, Frankie, Daniel e Isabella.

✉ pastor@iglesiadoral.org
📷 franklopezjwc
f franklopezjwc
🌐 www.iglesiajwc.com

EL SECRETO DE LOS GRANDES EMPRESARIOS DE DIOS

- Su visión empresarial refleja la visión mayor de Dios.
- Son mayordomos sabios de los bienes que reciben.
- Están comprometidos con ser instrumentos de los planes de Dios.
- Nada los detiene porque su mirada está puesta en Jesús, y no en ellos.
- Tienen visión para multiplicar, fe para creer y diligencia para trabajar.
- Entienden que la oración es la antesala del hacer y el querer.
- Le consultan a Dios sus decisiones.
- Ponen a Dios primero.
- Honran el pacto del diezmo y la ofrenda.

- Claman ante Él por la unción y el poder de hacer las riquezas.
- Conocen y profesan el poder de la obediencia.
- Saben que las instrucciones para su vida, sus negocios y su éxito están en la intimidad con Dios.
- Buscan el respaldo total de Dios en todo lo que emprenden.
- Saben que Dios les pedirá grandes hazañas, los va a recompensar en gran manera, y lo obedecen.
- Confían; saben que no existe el fracaso en Dios.
- Edifican negocios con una visión generacional, involucrando a sus hijos.
- Saben que el evangelio es el poder transformador de Dios para tomar lo común y convertirlo en extraordinario.
- Están seguros de que con Dios van a prosperar.
- Conocen el plan de Dios: orden, estructura, excelencia, obediencia y diligencia.
- Oran para que Dios les dé la unción de la excelencia.
- Creen en las promesas del pacto de Dios.
- Ponen siempre sus ojos en el proveedor y no en la provisión.

Jesus Worship Center

1900 NW 89 PL. DORAL
MIAMI-FL. 33172 USA
WWW.IGLESIAJWC.ORG

NOTAS

NOTAS

NOTAS

NOTAS

NOTAS

NOTAS

NOTAS

NOTAS